Cornelia Schinharl

Köstliche Keime und feine Sprossen

Reizvolle Rezepte für gekeimte
Leinsamen, Linsen, Getreidekörner,
Sojabohnen und viele mehr.
Dazu praktischer Rat zum Selberziehen.

GU
Gräfe und Unzer

Umschlag-Vorderseite:
Ein gemischter Salat kann mit den verschiedensten Sprossen angereichert werden. Dies ist eine Abwandlung des Bunten Salates mit Rettichsprossen. Rezept Seite 15.
2. Umschlagseite:
Der Bunte Salat mit Rettichsprossen erhält seinen besonderen Geschmack durch die dezente Schärfe der würzigen Rettichkeime. Rezept Seite 15.
3. Umschlagseite:
Die leicht süßlich schmeckenden Getreidesprossen – wie hier aus Roggenkörnern – passen besonders gut zu einem bunten Obstsalat. Rezept Seite 53.

Cornelia Schinharl
lebt in München und interessierte sich schon immer für das Thema Kochen. Nach ihrem Sprachenstudium wandte sie sich schließlich auch beruflich dem Bereich Ernährung zu. Durch die Arbeit bei einer Food-Journalistin eignete sie sich umfangreiche Kenntnisse – besonders auf dem Gebiet der Vollwerternährung – an. Seit 1985 ist sie als Redakteurin und Autorin selbständig tätig.

CIP-Kurztitelaufnahme der Deutschen Bibliothek

Schinharl, Cornelia:
Köstliche Keime und feine Sprossen: reizvolle Rezepte für gekeimte Leinsamen, Linsen, Getreidekörner, Sojabohnen u. viele mehr; dazu prakt. Rat zum Selberziehen / Cornelia Schinharl. - 1. Aufl. - München: Gräfe und Unzer, 1987.
(GU-Vollwert-Küchen-Ratgeber)

ISBN 3-7742-5047-2

1. Auflage 1987
© Gräfe und Unzer Verlag, München.
Redaktion: Irmingard Seidel
Herstellung: Birgit Rademacker
Farbfotos: Susi und Pete A. Eising, Titelbild Fotostudio Teubner
Zeichnungen: Gerlind Bruhn
Umschlaggestaltung: Heinz Kraxenberger
Satz und Druck: Appl, Wemding
Reproduktionen: Brend'amour, Simhart GmbH & Co.
Bindung: R. Oldenbourg

ISBN 3-7742-5047-2

Wichtiger Hinweis
Wenn bei den Rezepten Getreide benötigt wird, so muß beim Getreidekauf darauf geachtet werden, daß das Getreide gereinigt ist. Es muß befreit sein von Schmutz und Unkrautsamen (vor allem Samen der giftigen Kornrade). Auch der wieder häufiger auftretende Pilzparasit, der vor allem den Roggen befällt, das Mutterkorn, darf nicht enthalten sein. Es ist ein schwärzliches, meist stark vergrößertes Getreidekorn. Mutterkorn ruft beim Genuß lebensgefährliche Vergiftungserscheinungen hervor. Getreide muß also vor der Verarbeitung unbedingt verlesen werden.
Weder die Schoten noch die Samen von Hülsenfrüchten dürfen roh verzehrt werden, da erst durch ausreichendes Garen das darin enthaltene natürliche Gift, das Phasin, das ungünstig auf den Eiweißstoffwechsel wirkt, unschädlich gemacht wird. Dieses Gift wird beim Keimen nur teilweise abgebaut; auch Sojabohnenkeimlinge sollen daher nicht zu oft und grundsätzlich kurz erhitzt/blanchiert verzehrt werden.

Sie finden in diesem Buch

Ein Wort zuvor

Kochen mit Sprossen und Keimen – das ist trotz steigender Beliebtheit noch immer ein Stück kulinarisches Neuland. Bis heute sind uns hauptsächlich Sojasprossen (genauer gesagt Mungobohnensprossen) bekannt, die vor allem in der asiatischen Küche verwendet werden. Welche köstlichen Gerichte man jedoch auch mit den verschiedenen anderen Sprossenarten zubereiten kann, das möchte ich Ihnen in diesem neuen Küchen-Ratgeber zeigen.

Es ist nicht nur ein Genuß für den Gaumen, wenn Sie sich mit Sprossengerichten verwöhnen, sondern es kommt auch Ihrer Gesundheit zugute. Denn beim Keimen der Samen steigert sich beispielsweise der Gehalt an Vitaminen um ein Vielfaches. Zudem gibt es wohl kaum ein Frischgemüse, bei dem wir so sicher sein können, daß es weitgehend unbelastet ist – vorausgesetzt, wir kaufen Samen aus biologisch kontrolliertem Anbau. Außerdem ist der Genuß von Sprossen als Frischgemüse auch für Ihren Geldbeutel von Vorteil, denn die Samen sind meist preiswert und nehmen beim Keimen um mindestens das Doppelte an Gewicht und Umfang zu.

Nicht zuletzt macht das Keimen auch Spaß. Gerade für Stadtbewohner ist es inzwischen eine Seltenheit, kleine Pflänzchen wachsen zu sehen und in der Wohnung ein eigenes »Treibhaus« zu haben. Vor allem Kinder verfolgen mit Begeisterung, wie sich die Keimlinge von Tag zu Tag verändern.

In einem ausführlichen Kapitel mache ich Sie vertraut mit den verschiedenen Methoden, Samen zum Keimen zu bringen, sowie mit den einzelnen Samenarten, die ich in den Rezepten verwendet habe. Im Rezeptteil finden Sie neben Bekanntem wie Omelettes, Pizza und Gefüllten Paprikaschoten auch Ungewöhnliches wie Vollkorn-Semmelknödel mit Sprossen in Sahne und Pflänzchen aus Sonnenblumenkeimen.

Die Rezepte habe ich so einfach wie möglich beschrieben und versucht, Zutaten zu verwenden, die Sie überall kaufen können. Fleisch werden Sie in den Rezepten nicht finden: Ich bin der Meinung, daß es geschmacklich nicht erforderlich ist. Wer jedoch darauf nicht verzichten möchte, der kann selbstverständlich einige der Rezepte damit anreichern oder aber Fleisch oder Fisch als Beilage zu den Gerichten reichen. Die Mengenangaben in den Rezepten sind für 2, in einigen Fällen – besonders wenn die Zubereitung etwas aufwendiger ist – aber auch für 4 Personen berechnet, damit für jede Haushaltsgröße genug angeboten wird. Gerade die Gerichte für 2 Personen kann man auch problemlos verdoppeln.

Zusätzlich finden Sie im Rezeptteil nützliche Tips und informative Zeichnungen rund ums Kochen. Die brillanten Farbfotos sollen Sie optisch auf die »Sprossenküche« einstimmen, und die Schritt-für-Schritt-Fotos erleichtern die Zubereitung etwas schwierigerer Gerichte.

Wenn Sie erst einmal einige der Rezepte ausprobiert haben, werden Sie sicher auch zu eigenen Kreationen inspiriert, denn das Kochen mit Sprossen und Keimlingen ist ungeheuer vielfältig und anregend.

Und jetzt wünsche ich Ihnen viel Spaß beim Keimen und Ausprobieren und guten Appetit!

Ihre Cornelia Schinharl

Sprossen in unserer Ernährung

Sprossen sind Frischgemüse und versorgen uns – vor allem im Winter, wenn man neben tiefgefrorenem Gemüse fast nur Treibhausware bekommt – mit wichtigen Vitaminen und Mineralstoffen.

Die meisten Samen, aus denen man Sprossen ziehen kann, sind nur in gegartem Zustand genießbar: Getreide und Hülsenfrüchte müssen eingeweicht und gekocht werden, damit der Organismus sie verwerten kann. Durch den Garprozeß gehen wertvolle Inhaltsstoffe teilweise verloren, andere gelangen ins Kochwasser und werden weggeschüttet. Sprossen kann man jedoch meist roh verzehren; als Rohkost bilden sie also einen wertvollen Bestandteil der täglichen Nahrung.

In jedem Samen sind alle Inhaltsstoffe gespeichert, die die Pflanze später zum Wachstum benötigt. Allein diese Tatsache verdeutlicht, wie hoch die Nährwertkonzentration im Samen ist. Alle Samen haben einen Keim, der durch günstige Bedingungen wie Feuchtigkeit, Sauerstoff und Wärme zum Leben erweckt wird. Bei diesem Prozeß entwickelt er den Sproß, der später den Stengel bildet, Wurzeln und Blätter. Während der Same keimt, findet eine rege Stoffwechseltätigkeit statt und die Inhaltsstoffe verändern sich: Sie nehmen teilweise zu, werden abgebaut oder umgewandelt. Der Vitamin- und Mineralstoffgehalt der Sprossen steigt stark an. So verdoppelt bis vervierfacht sich der Vitamingehalt gegenüber dem trockenen Samen. Der Fettgehalt dagegen wird reduziert. Die Kohlenhydrate schließlich – Hauptbestandteil der pflanzlichen Nahrung – verändern sich. Die leicht löslichen Kohlenhydrate, die man als »Zucker« bezeichnet, werden im Verlauf des Keimprozesses in schwer lösliche Stärke umgewandelt. Diese Stärke baut der Körper während der Verdauung nur langsam ab, sie wird also nicht wie der leicht lösliche Zucker sofort verwertet.

Sprossen sind deshalb nicht nur als Vitaminlieferanten wertvoll, sondern sorgen für ein angenehmes, anhaltendes Sättigungsgefühl, weil sie dem Körper »Arbeit« machen.

Das sollten Sie auch berücksichtigen, wenn Sie an Vollwertkost noch nicht so gewöhnt sind: Wer nämlich bisher vor allem leicht verdauliche Lebensmittel wie Weißbrot, polierten Reis und viel Fleisch gegessen hat, muß seinem Körper Zeit geben, sich auf eine ballaststoffreiche Ernährung umzustellen. Sie sollten in diesem Fall also nicht gleich mit einem reinen Sprossengericht beginnen, sondern eines wählen, das nur mit Sprossen angereichert wurde.

Die verschiedenen Keimmethoden

Bei allen Keimmethoden geht man nach demselben Grundprinzip vor: Die Samen werden einige Stunden in Wasser eingeweicht, damit sie Feuchtigkeit aufnehmen können und der Wachstumsprozeß in Gang kommt. Dann wird das Wasser wieder abgegossen, damit die Keime atmen können. Die Sprossen müssen nun gleichmäßig feucht gehalten werden, dürfen aber niemals im Wasser liegen, da sie sonst schimmeln.

Wie oft man die Sprossen befeuchtet, hängt sowohl von der Temperatur (im Sommer brauchen sie mehr Wasser als im Winter) als auch von der Sorte ab. Die Angaben, die Sie im Kapitel »Zutaten von A bis Z« finden, sind nur Richtwerte. Am Anfang sollten Sie die Sprossen regelmäßig beobachten und sie immer dann befeuchten, wenn sie zu trocken sind.

Neben Feuchtigkeit und Sauerstoff benötigen die Sprossen auch eine gleichmäßige Temperatur – etwa 21° –, damit sie optimal wachsen können. Während höhere Temperaturen dem Keimvorgang im allgemeinen nicht schaden, lassen sich Samen in einem kühlen Raum meist nicht zu Sprossen ziehen.

Sprossen sollten immer bei indirektem Licht, also nicht an einem sehr hellen Platz gekeimt werden. Die meisten Sorten sind nach 3–5 Tagen eßbar, man kann sie aber auch länger keimen lassen, wenn man auf das frische Blattgrün Wert legt, das sich nach dieser Zeit bildet.

Wichtig: Sie sollten alle Samen nur aus kontrolliertem biologischen Anbau kaufen, da Sie nur bei diesen Sorten sicher sein können, daß sie nicht chemisch behandelt oder gespritzt wurden. Samen, die es in Gärtnereien zu kaufen gibt, sind ebenfalls behandelt und für die Aufzucht von Sprossen ungeeignet.

Das Keimen im Weckglas
Bild Seite 9
Diese einfache und zugleich billige Methode empfehle ich vor allem »Sprossenneulingen«, die sich vielleicht nicht gleich ein Keimgerät anschaffen möchten. Man benötigt dafür einige Gläser von 1 – 1½ l Fassungsvermögen, Gummiringe und Stoff. Der Stoff darf nicht zu feinmaschig sein, damit das Wasser vollkommen ablaufen kann, aber auch nicht zu grob gewebt, da sonst kleine Samen wie zum Beispiel Alfalfa hindurchrutschen würden. Am besten geeignet ist Verbandmull, den es in verschiedenen Breiten zu kaufen gibt.

Die Sprossen werden in den Gläsern einige Stunden in lauwarmem Wasser eingeweicht. Dann befestigt man den Stoff mit einem Gummiring auf dem Glas und läßt das Wasser ablaufen. Dazu bringt man das Glas in Schräglage oder stellt es auf ein Kuchengitter, damit das Wasser auch wirklich vollkommen abläuft. Auf diese Weise befeuchtet man die Sprossen dann auch immer wieder: Lauwarmes Wasser einlau-

fen lassen, die Sprossen etwa 15 Minuten darin stehenlassen und das Wasser eventuell durch ein Sieb wieder abgießen.

Weckgläser und Stoff müssen immer sehr gründlich gereinigt werden, damit sich keine Bakterien ansammeln können.

Das Keimen im Keimgerät
Ein im Handel erhältliches Keimgerät ist der Biosnacky, der aus drei Keimschalen mit Syphonhütchen, einer Auffangschale für das ablaufende Wasser und einem Deckel besteht.

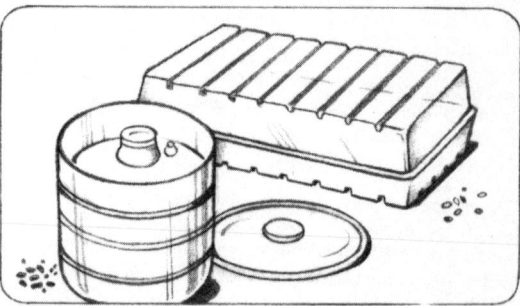

Gut geeignet zum Keimen sind Geräte mit mehreren Schalen, da man in ihnen verschiedene Samen gleichzeitig keimen kann.

Die Keimschalen werden vor dem Gebrauch mit kaltem Wasser abgespült und anschließend mit beliebigen - vorher eingeweichten Samen - gefüllt. Die Keimschalen müssen so aufeinandergesetzt werden, daß die roten Syphonhütchen, durch die das Wasser abläuft, nicht übereinander, sondern versetzt stehen. Zum Bewässern der Samen gießt man so viel lauwarmes Wasser in die oberste Schale, bis das Syphonhütchen ganz davon bedeckt ist, also mindestens ½ l. Das Wasser durchläuft nun automatisch die einzelnen Keimschalen und sammelt sich schließlich in der Auffangschale. (Das aufgefangene Wasser sollten Sie nicht wegschütten, sondern zum Beispiel zum Blumengießen verwenden, da es mit Nährstoffen angereichert ist, die die Samen abgegeben haben.)

Wenn Sie nun Samen keimen wollen, die verschieden oft bewässert werden müssen, geben Sie die Sorte, die weniger Feuchtigkeit benötigt, in die oberste Keimschale und gießen das Wasser in die zweite Schale.

Das Biosnacky-Keimgerät muß nach jedem Gebrauch sehr gründlich gereinigt werden, da sich in den Rillen Bakterien sammeln könnten. Auch die Syphonhütchen sollten Sie jedesmal abnehmen und saubermachen. Manche Samen entwickeln sehr dünne Sprossen, die sich in den Hütchen sammeln können und dann ein gleichmäßiges Ablaufen des Wassers verhindern. Nach dem Reinigen die Keimschalen gründlich heiß abspülen, damit keine Spülmittelreste darin bleiben.

Inzwischen gibt es auch ein Keimgerät aus Ton, das nach demselben Prinzip funktioniert wie der Biosnacky. Der Unterschied besteht jedoch darin, daß die Samen im Tonkeimer dunkel keimen, was dem natürlichen Wachstum ähnelt, das ja auch im dunklen Erdreich stattfindet. Der Tonkeimer besteht ebenfalls aus drei Keimschalen, einem Deckel und einer (bleifrei) glasierten Auffangschale. Man kann die Sprossen im Tonkeimer am letzten Tag ohne Deckel stehenlassen, wenn man darauf Wert legt, daß die Sprossen grüne Blättchen entwickeln.

Das Keimen in der Keimfrischbox
Die Keimfrischbox besteht aus einem durchsichtigen Plastikrohr, das an beiden Enden mit einem Sieb-Schraubverschluß abgeschlossen wird. Außerdem werden zwei Dichtungsdeckel mitgeliefert. Man schraubt den Dichtungsring mit dem grünen Deckel auf, füllt die Samen ein und verschließt die Box mit dem feinmaschigen gelben Deckel. Die Keimbox wird etwa zur Hälfte mit lauwarmem Wasser gefüllt. Darin läßt man die Samen je nach Sorte einige Stunden quellen. Dann dreht man die Keimbox um,

entfernt den Dichtungsring aus dem grünen Deckel und schraubt den Deckel wieder auf. So kann man die Samen unter fließendem Wasser durchspülen. Die Keimbox wird anschließend schräg in ein flaches Gefäß gelegt, so daß auch das restliche Wasser ganz ablaufen kann.

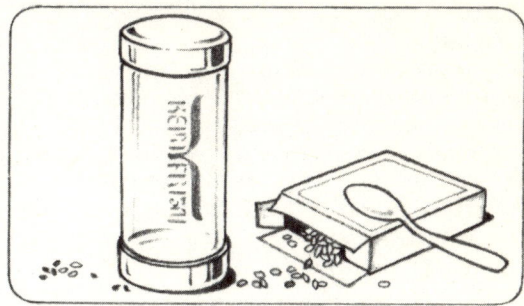

Die Keimfrischbox ist aus Plastik und hat an beiden Enden Sieb-Schraubverschlüsse.

Das Keimen auf Papier oder Watte
Diese Methode ist besonders für schleimbildende Samen wie Kresse, Leinsamen und Senf geeignet. Man weicht die Samen je nach Sorte in lauwarmem Wasser ein, läßt sie in einem Sieb abtropfen und gibt sie dann auf eine doppelte

Auf Watte und Papier läßt man vor allem solche Samen keimen, die Schleimstoffe absondern.

Lage Haushaltspapier oder ein Stück Watte. Die Samen werden dann von oben mit Wasser beträufelt. Außerdem gießt man immer etwas Wasser in das Gefäß, in dem das Papier liegt, damit die Samen auch von unten feucht gehalten werden.

Woran es liegen kann, wenn die Samen nicht keimen:

● Die Samen sind zu alt.

● Die Samen haben zu wenig Feuchtigkeit und trocknen aus, oder sie liegen zu feucht und schimmeln.

● Die Samen sind nicht aus biologischem Anbau. Getreide und Hülsenfrüchte aus konventionellem Anbau, die zum Kochen bestimmt sind, werden manchmal mit chemischen Mitteln behandelt, um den Keimprozeß zu verhindern.

● Es sind zuviele Samen im Keimbehälter: Die Samen haben zu wenig Platz, um sich auszudehnen und zu wenig Sauerstoff.

● Das Keimgefäß ist nicht gründlich gereinigt. Es haben sich Bakterien gesammelt und die Samen schimmeln. Auch Reste von Spülmittel können den Keimprozeß verhindern.

● Die Samen stehen zu hell beziehungsweise sind direkter Sonnenbestrahlung ausgesetzt.

Zutaten von A bis Z

In diesem Kapitel finden Sie alle zum Keimen geeigneten Zutaten, die ich in den Rezepten verwendet habe. Samen, mit denen ich kein zufriedenstellendes Ergebnis erzielen konnte, fehlen hier ganz oder sind nur kurz erwähnt.

Alfalfa (auch Luzerne genannt)
wird wegen des hohen Vitamin- und Mineralstoffgehalts auch als Königin der Sprossen bezeichnet. Alfalfa ist reich an Vitamin C und E sowie den Mineralstoffen Phosphor, Eisen, Kalzium, Magnesium und Kalium.

Keimmethode: Alfalfa muß nicht eingeweicht werden. Beim Keimen habe ich mit dem Weckglas die besten Erfahrungen gemacht, da die Sprossen sehr dünn sind und den Syphon des Keimgerätes verstopfen können. Man kann Alfalfasprossen aber auch auf Papier oder Watte ziehen. Befeuchtet werden die Samen 1- bis 2mal täglich.

Keimdauer: 4–5 Tage. Man kann sie aber bis zu 8 Tagen keimen lassen, wenn man das frische Blattgrün mitverwenden möchte. 10 g Alfalfasamen ergeben nach 5 Tagen etwa 50 g Sprossen.

Besonderheiten: Alfalfasprossen wachsen beim Keimen etwas zusammen. Man kann sie jedoch nach dem Waschen mit einer Gabel ganz leicht wieder lockern. Die Sprossen bilden beim Keimen manchmal feine Faserwürzelchen, die nicht mit Schimmel zu verwechseln sind. Alfalfa wird fertig gekeimt in manchen Reformhäusern und Naturkostläden angeboten.

Bockshornklee
ist ein pikantes (Heil-)Kraut und Bestandteil der indischen Currymischung. Bockshornklee soll bei Darminfektionen heilend wirken. Die Samen sind reich an Vitamin A und C sowie Eisen.

Keimmethode: Die Samen werden etwa 5 Stunden in lauwarmem Wasser eingeweicht. Keimen kann man Bockshornklee im Weckglas, Keimgerät oder in der Keimfrischbox. Bewässert wird er 1- bis 2mal täglich.

In einem Weckglas lassen sich alle Samen ganz einfach zum Keimen bringen. Die genaue Anleitung dafür finden Sie auf Seite 6. ▷

Keimdauer: etwa 3 Tage. 10 g Bockshornkleesamen ergeben etwa 35 g Sprossen.

Besonderheiten: Bockshornklee nur kurz keimen lassen, da er sonst bitter schmeckt.

Buchweizen

ist kein Getreide, sondern zählt zu den Knöterichgewächsen. Die kleinen, in der Form den Bucheckern ähnlichen Früchte sind reich an Stärke, Eiweiß, Vitaminen der B-Gruppe und Niacin. Außerdem enthalten sie Kalium, Phosphor, Magnesium und Eisen. Buchweizen kann zu süßen wie auch zu pikanten Gerichten verarbeitet werden.

Keimmethode: Die Samen 1–2 Stunden in lauwarmem Wasser einweichen. Keimen kann man Buchweizen in Weckgläsern, dem Keimgerät oder in der Keimfrischbox. Bewässert wird er 1mal täglich.

Keimdauer: 3–4 Tage. 10 g Buchweizensamen ergeben nach 4 Tagen etwa 25 g Sprossen.

Besonderheiten: Buchweizen sondert beim Keimen Schleimstoffe ab. Man sollte ihn deshalb immer gut abspülen und darauf achten, daß er nicht zu feucht liegt.

Erbsen (gelbe und grüne)

sind reich an Eiweiß und den Vitaminen A, C, der B-Gruppe und Niacin. Außerdem enthalten sie die Mineralstoffe Eisen, Magnesium, Kalium, Kalzium und Phosphor. Man kann sie geschält und ungeschält zum Keimen bringen.

◁ Für einen gemischten Sprossensalat lassen sich die verschiedensten Keime verwenden. Durch die Tomatenwürfel wird dieser Salat besonders saftig. Auf dem Teller sehen Sie im Uhrzeigersinn Weizen-, Linsen-, Kichererbsen- und Mungobohnenkeime. Rezept Seite 16.

Keimmethode: Erbsensamen 6–12 Stunden in lauwarmem Wasser einweichen, dann im Weckglas, Keimgerät oder der Keimbox keimen. Die Samen 1- bis 2mal täglich wässern.

Keimdauer: 3–5 Tage. 10 g Erbsensamen ergeben nach 3 Tagen etwa 20 g Sprossen.

Gelbe Sojabohnen

werden gekeimt oft als Sojasprossen bezeichnet, obwohl es sich bei den bekannten Sojasprossen eigentlich um Mungobohnensamen handelt. Deshalb habe ich gelbe Sojabohnen in den Rezepten dieses Buches nicht verwendet. Sojasprossen finden Sie unter dem Stichwort »Mungobohnen«.

Gerste

ist eine der ältesten Kulturpflanzen. Sie kommt entspelzt oder als Sprießkorngerste in den Handel. Gekeimt wird Gerste zur Herstellung von Malz und Kaffee-Ersatz verwendet. Gerste ist reich an Eiweiß, Stärke, den Mineralstoffen Kalzium, Kalium, Eisen und Phosphor sowie Vitaminen der B-Gruppe, E und Niacin.

Keimmethode: Samen 6–12 Stunden in lauwarmem Wasser einweichen. Gerste keimt man am besten in Weckgläsern, dem Keimgerät oder in der Keimfrischbox und wässert 1- bis 2mal täglich.

Keimdauer: 2–5 Tage. 10 g Gerstensamen ergeben nach 3 Tagen etwa 25 g Sprossen.

Besonderheiten: Gerstenkeime haben wie alle Getreidesprossen einen leicht süßlichen Geschmack. An den Sprossen bilden sich kleine Faserwürzelchen, die nicht mit Schimmel zu verwechseln sind.

Grünkern

wird aus Dinkel, der Urform des Weizens, gewonnen und kann nicht zum Keimen gebracht werden, da er unreif geerntet und anschließend gedarrt wird.

Hafer

ist reich an ungesättigten Fettsäuren, den Vitaminen der B-Gruppe, E und Niacin sowie den Mineralstoffen Kalzium, Phosphor und Magnesium.

Keimmethode: 4–8 Stunden in lauwarmem Wasser einweichen. Im Weckglas, Keimgerät oder in der Keimbox keimen, dabei 1mal täglich wässern.

Keimdauer: 2–5 Tage. 10 g Haferkörner ergeben nach 3 Tagen etwa 25 g Sprossen.

Besonderheiten: Hafersprossen bilden feine Faserwürzelchen, die nicht mit Schimmel zu verwechseln sind.

Hirse

ist reich an Eiweiß, den Vitaminen der B-Gruppe und Niacin sowie den Mineralstoffen Magnesium, Eisen, Phosphor und Kieselsäure.

Keimmethode: Samen etwa 4 Stunden in lauwarmem Wasser einweichen. Im Weckglas, dem Keimgerät oder der Keimfrischbox keimen, dabei 1mal täglich wässern.

Keimdauer: 3–5 Tage. 10 g Hirsekörner ergeben nach 3 Tagen etwa 25 g Sprossen.

Besonderheiten: Hirse ist sehr schwer zum Keimen zu bringen, deshalb habe ich die Sprossen nicht in die Rezepte aufgenommen.

Kichererbsen

sind eine Hülsenfruchtart des Mittelmeerraumes, die leicht nußartig schmeckt. Sie sind reich an den Vitaminen A, der B-Gruppe, C und Niacin sowie den Mineralstoffen Kalium, Kalzium, Phosphor und Eisen.

Keimmethode: Samen 6–12 Stunden in lauwarmem Wasser einweichen. Im Weckglas, dem Keimgerät oder der Keimbox keimen, dabei 2- bis 3mal täglich wässern.

Keimdauer: 3–5 Tage. 10 g Kichererbsensamen ergeben nach 3 Tagen etwa 20 g Sprossen.

Besonderheiten: Kichererbsen enthalten Spuren von Phasin, einem natürlichen Gift, das jedoch angeblich während des Keimprozesses abgebaut wird. Zur Sicherheit habe ich Kichererbsen in allen Gerichten etwa 3 Minuten gegart, da dann das Phasin garantiert zerstört wird.

Kresse (auch Gartenkresse genannt)

ist eine Kulturform der Brunnenkresse und ein beliebtes Küchenkraut. Man kann sie in fast allen Lebensmittelgeschäften fertig gekeimt kaufen. Sie ist reich an den Vitaminen A, der B-Gruppe, C und Niacin sowie den Mineralstoffen Kalium, Kalzium, Eisen und Phosphor.

Keimmethode: Samen etwa 4 Stunden in der doppelten Menge lauwarmem Wasser einweichen. Kressesamen dann auf einer dünnen Schicht Watte oder Küchenkrepp keimen lassen. Kresse 2- bis 3mal täglich befeuchten.

Keimdauer: 5–6 Tage. 10 g Kressesamen ergeben nach 5 Tagen etwa 50 g Sprossen.

Besonderheiten: Kresse sondert schon beim Einweichen reichlich Schmierstoffe ab. Sie ist deshalb nicht besonders gut für Weckglas und Keimgeräte geeignet, da das Wasser nicht vollständig ablaufen kann.

Leinsamen

ist der Samen der Flachspflanze. Er ist reich an Fett (Leinöl) und Vitamin E. Der Genuß von Leinsamen hilft bei Verdauungsproblemen.

Keimmethode: Samen etwa 4 Stunden in lauwarmem Wasser einweichen. Beim Keimen habe ich die besten Erfahrungen mit Watte oder Küchenpapier gemacht. Leinsamen 1- bis 2mal täglich mit Wasser befeuchten.

Keimdauer: 3–6 Tage. 10 g Leinsamen ergeben nach 4 Tagen etwa 25 g Sprossen.

Besonderheiten: Leinsamen sondert wie Kresse und Senf beim Keimen Schleimstoffe ab, die immer gut abgespült werden sollten.

Linsen

sind die kleinen grauen, braunen, gelblichen oder rötlichen Früchte eines Schmetterlingsblüters und reich an den Vitaminen A, der B-Gruppe und Niacin. Außerdem enthalten sie Kalium, Eisen, Phosphor und wie alle Hülsenfrüchte hochwertiges Eiweiß.

Keimmethode: 6–12 Stunden in lauwarmem Wasser einweichen. Im Weckglas, dem Keimgerät oder in der Keimfrischbox keimen, dabei 1- bis 2mal täglich wässern.

Keimdauer: 3–4 Tage. 10 g Linsensamen ergeben nach 3 Tagen etwa 40 g Sprossen.

Besonderheiten: Rote Linsen sind geschält und können deshalb nicht zum Keimen gebracht werden.

Mungobohnen (grüne Sojabohnen)

sind manchmal auch unter der Bezeichnung Mungbohne im Handel erhältlich. Diese Sojabohnenart ist besonders leicht zum Keimen zu bringen. Mungobohnen enthalten reichlich die Vitamine A und E, die der B-Gruppe sowie die Mineralstoffe Eisen, Phosphor, Kalium, Magnesium und Kalzium.

Keimmethode: Die Mungobohnensamen 6–12 Stunden in lauwarmem Wasser einweichen. Im Weckglas, dem Keimgerät oder in der Keimbox keimen, dabei 1- bis 2mal täglich wässern.

Keimdauer: 3–5 Tage. 10 g Mungobohnensamen ergeben nach 3 Tagen etwa 35 g Sprossen.

Besonderheiten: Die Mungobohnensamen enthalten Phasin, ein natürliches Gift, das jedoch angeblich während des Keimvorgangs zerstört wird. Zur Sicherheit habe ich Mungobohnensprossen immer 3 Minuten gegart, da das Phasin dann auf jeden Fall zerstört wird. Wenn man Mungobohnensamen im Dunkeln keimen läßt, geht es etwas schneller.

Naturreis

wird von den Spelzen befreit, die Samenschale und der Keim bleiben erhalten. Ich habe mit einigen Sorten versucht, Sprossen daraus zu ziehen, jedoch ohne Erfolg. Da Reissprossen aber in der Literatur häufiger erwähnt werden, ist es möglich, daß ich bei den vielen Sorten, die auf dem Markt erhältlich sind, nicht die richtigen bekommen habe.

Rettich

ist der Same des weißen Rettichs. Er ist reich an den Vitaminen der B-Gruppe, C und Niacin sowie den Mineralstoffen Kalium, Kalzium, Eisen, Phosphor und Natrium.

Keimmethode: Rettichsamen etwa 4 Stunden in lauwarmem Wasser einweichen. Im Weckglas, dem Keimgerät oder in der Keimbox keimen, dabei 1mal täglich wässern.

Keimdauer: 3–5 Tage (länger sollte man Rettichsamen nicht keimen lassen, da sie sonst zu scharf schmecken). 10 g Rettichsamen ergeben nach 4 Tagen etwa 40 g Sprossen.

Besonderheiten: Rettichsamen sind in einigen Samenmischungen enthalten, da sie eine antiseptische Wirkung haben und so die Schimmelbildung verhindern.

Roggen

ist neben Weizen das wichtigste Brotgetreide der Welt. Er versorgt uns mit Vitaminen der B-Gruppe, A, E und Niacin sowie den Mineralstoffen Kalium, Kalzium, Phosphor, Magnesium und Eisen.

Keimmethode: Roggenkörner 6–12 Stunden in lauwarmem Wasser einweichen. Im Weckglas, Keimgerät oder in der Keimbox keimen, dabei 1mal täglich wässern.

Keimdauer: 2–5 Tage. 10 g Roggenkörner ergeben nach 3 Tagen etwa 25 g Sprossen.

Besonderheiten: Roggensprossen haben wie alle Getreidesprossen einen leicht süßlichen Geschmack und bilden feine Faserwürzelchen, die nicht mit Schimmel zu verwechseln sind.

Samenmischungen

Einige Hersteller bieten verschiedene Samenmischungen wie zum Beispiel Alfalfa/Rettich,

Mungobohne/Rettich und einiges mehr an. Natürlich kann man sich diese Mischungen auch selbst zusammenstellen und in einem Gefäß gleichzeitig zum Keimen bringen. Man muß dabei nur darauf achten, daß man Samen mit gleichen Keimeigenschaften, beispielsweise Keimdauer und Wasserbedarf, wählt.

Senf

enthält natürliche Antibiotika und ist ideal für die Regulierung der Darmflora. Senfsprossen schmecken würzig und scharf, sind reich an Vitamin A und C, denen der B-Gruppe sowie den Mineralstoffen Phosphor, Kalium, Kalzium, Eisen und Natrium.
Keimmethode: Senfsamen etwa 4 Stunden in lauwarmem Wasser einweichen. Im Weckglas, Keimgerät, in der Keimfrischbox oder auf Küchenkrepp keimen, dabei höchstens 1mal täglich wässern.
Keimdauer: 3–5 Tage. 10 g Senfsamen ergeben nach 4 Tagen etwa 30 g Sprossen.
Besonderheiten: Senf bildet beim Keimen Schmierstoffe. Es dürfen deshalb niemals zuviele Samen gleichzeitig gekeimt werden, da sie sonst verkleben und schimmeln. Senfsprossen bilden beim Keimen Faserwürzelchen, die nicht mit Schimmel zu verwechseln sind. Verschimmelte Samen erkennen Sie am Geruch.

Sesam

zählt zu den Ölsaaten. Er ist reich an ungesättigten Fettsäuren. Außerdem enthält Sesam die Vitamine A, die der B-Gruppe, E und Niacin sowie die Mineralstoffe Kalzium und Eisen.
Keimmethode: Sesamsamen etwa 4 Stunden in lauwarmem Wasser einweichen. Im Weckglas dunkel (ein Tuch um das Glas wickeln; nicht in einem geschlossenen Gefäß keimen, da sonst die nötige Sauerstoffzufuhr fehlt) oder im Tonkeimer keimen, dabei alle 1–2 Tage wässern.
Keimdauer: 3–6 Tage. 10 g Sesamsamen ergeben nach 4 Tagen etwa 20 g Sprossen.

Besonderheiten: Sesamsamen sind schwierig zum Keimen zu bringen. Es gibt inzwischen spezielle Samen zum Keimen, die Sie sich in jedem Fall besorgen sollten.

Sojabohnen

siehe bitte Stichwort »Mungobohnen« und »gelbe Sojabohnen«.

Sonnenblumenkerne

sind die Samen der Sonnenblume. Sie enthalten reichlich Fett (Sonnenblumenöl), Eiweiß und die Vitamine der B-Gruppe, E und Niacin. Außerdem sind sie reich an den Mineralstoffen Kalzium und Eisen.
Keimmethode: Samen etwa 4 Stunden in lauwarmem Wasser einweichen. Im Weckglas, Keimgerät oder in der Keimbox keimen, dabei 1mal täglich wässern.
Keimdauer: 3–5 Tage. 10 g Sonnenblumenkerne ergeben nach 3 Tagen etwa 20 g Keime.

Weizen

ist vor allem wegen seiner guten Backeigenschaften das wichtigste Brotgetreide. Er enthält Vitamine der B-Gruppe, A, E und Niacin sowie die Mineralstoffe Eisen, Phosphor, Kalium und Kalzium.
Keimmethode: Weizenkörner 6–12 Stunden in lauwarmem Wasser einweichen. Im Weckglas, Keimgerät oder in der Keimfrischbox keimen, dabei 1mal täglich wässern.
Keimdauer: 2–5 Tage. 10 g Weizenkörner ergeben nach 3 Tagen etwa 25 g Sprossen.
Besonderheiten: Weizensprossen sind nicht mit Weizenkeimen zu verwechseln, die bereits beim Mahlen des ganzen Getreidekorns abgetrennt werden. Weizensprossen haben einen leicht süßlichen Geschmack, der mit süßen wie auch mit pikanten Zutaten harmoniert. Sie bilden beim Keimen am Sproß feine Faserwürzelchen, die nicht mit Schimmel verwechselt werden dürfen.

Kleine Gerichte und Salate

Bunter Salat mit Rettichsprossen

Bild 2. Umschlagseite

Zutaten für 4 Personen:
100 g Feldsalat · ½ Kopf Eisbergsalat (etwa
150 g) · 150 g junge Möhren · 1 gelbe Paprika-
schote · 100 g Rettichsprossen (etwa 25 g
Trockengewicht) · 1 Knoblauchzehe · 1 Eßl.
Magerjoghurt · 1 Teel. scharfer Senf · Salz ·
schwarzer Pfeffer, frisch gemahlen · 2 Eßl. Weiß-
weinessig · 4 Eßl. kaltgepreßtes Olivenöl
Pro Portion etwa 540 kJ/130 kcal
3 g Eiweiß · 9 g Fett · 10 g Kohlenhydrate
4 g Ballaststoffe

● Zubereitungszeit: etwa 20 Minuten

So wird's gemacht: Den Feldsalat verlesen, gründlich in kaltem Wasser waschen und abtropfen lassen. Den Eisbergsalat von welken Blättern befreien, ebenfalls waschen, abtropfen lassen und in Streifen schneiden. Die Möhren waschen, schälen und in dünne Stifte schneiden. Die Paprikaschote waschen, putzen und in Streifen schneiden. Die Rettichsprossen in einem Sieb unter fließendem kaltem Wasser abspülen und gründlich abtropfen lassen. Alle vorbereiteten Zutaten in einer Schüssel mischen. ● Für die Marinade die Knoblauchzehe schälen und durch die Knoblauchpresse in ein Schälchen pressen. Den Joghurt, den Senf, Salz, Pfeffer und den Essig dazugeben und alles gründlich verrühren. Das Olivenöl teelöffelweise unterschlagen. ● Die Sauce über den Salat gießen und vorsichtig untermischen.

Variante: Gurkensalat mit gemischten Sprossen
1 Salatgurke von etwa 600 g gründlich waschen oder schälen und in dünne Scheiben hobeln. 100 g gemischte Sprossen (Senf-, Bockshorn-klee- und Alfalfasprossen; etwa 30 g Trockengewicht) in einem Sieb kalt abspülen und gründlich abtropfen lassen, dann mit den Gurkenscheiben in einer Schüssel vermischen. Für die Marinade 1 Teelöffel scharfen Senf mit 2 Eßlöffeln Sahne, 1 Eßlöffel Zitronensaft, 1 Eßlöffel Balsamessig, Salz und frisch gemahlenem weißem Pfeffer verrühren. 3 Eßlöffel Sonnenblumenöl teelöffelweise unterschlagen. Die Marinade unter den Gurkensalat ziehen.

Sprossensalat mit chinesischen Pilzen

Zutaten für 4 Personen:
30 g getrocknete Shiitakepilze · 300 g gemischte
Sprossen (zum Beispiel Kichererbsen, Roggen,
Linsen und Buchweizen; etwa 100 g Trocken-
gewicht) · 1 Schalotte · 1 Knoblauchzehe ·
½ unbehandelte Zitrone · 3 Eßl. Sonnen-
blumenöl · 1 Eßl. Sojasauce · ½ Teel. flüssiger
Honig · Salz · weißer Pfeffer, frisch gemahlen ·
1 Prise Cayennepfeffer · 1 Bund Frühlings-
zwiebeln · 1 Eßl. Petersilie, frisch gehackt
Pro Portion etwa 560 kJ/135 kcal
5 g Eiweiß · 7 g Fett · 13 g Kohlenhydrate
6 g Ballaststoffe

● Quellzeit: etwa 3 Stunden
● Vorbereitungszeit: etwa 20 Minuten
● Garzeit: etwa 7 Minuten

So wird's gemacht: Die Pilze mit lauwarmem Wasser übergießen und etwa 3 Stunden quellen lassen. ● Die Pilze dann abtropfen lassen, von den harten Stielen befreien und in schmale Streifen schneiden. Die Sprossen in einem Sieb unter fließendem kaltem Wasser abspülen und abtropfen lassen. Die Schalotte und die Knoblauchzehe schälen und sehr fein hacken. Die Zitrone heiß abwaschen und abtrocknen. Die

Schale bis zur Hälfte hauchdünn abschälen und in Streifen schneiden. Die Zitrone dann halbieren und eine Hälfte auspressen. • 1 Eßlöffel Sonnenblumenöl in einer Pfanne erhitzen. Die Schalotte und den Knoblauch darin unter Rühren glasig dünsten. Die Sprossen und die Pilze hinzufügen und kurz mitdünsten. Die Sojasauce dazugießen und alles zugedeckt bei schwacher Hitze 3–5 Minuten schmoren lassen. • Inzwischen den Zitronensaft mit dem Honig, Salz, Pfeffer und dem Cayennepfeffer verrühren. Das restliche Sonnenblumenöl teelöffelweise unterschlagen. Die Frühlingszwiebeln putzen, gründlich waschen und in feine Ringe schneiden. • Die Marinade und die Frühlingszwiebeln unter die gegarten Sprossen mischen. Den Salat auf vorgewärmten Tellern verteilen und mit der Petersilie und der Zitronenschale bestreuen.

Gemischter Sprossensalat

Bild Seite 10

Zutaten für 2 Personen:
75 g Alfalfa- und Roggensprossen (etwa 25 g Trockengewicht insgesamt) · 75 g Mungobohnen- und Kichererbsensprossen (etwa 25 g Trockengewicht insgesamt) · 50 g Feldsalat · 1 Tomate (etwa 75 g) · ½ Teel. scharfer Senf · 1 Messerspitze flüssiger Honig · 1 Eßl. Kräuteressig · Salz · schwarzer Pfeffer, frisch gemahlen · 2 Eßl. kaltgepreßtes Olivenöl · 1 Eßl. Kresseblättchen
Pro Portion 660 kJ/160 kcal
5 g Eiweiß · 9 g Fett · 14 g Kohlenhydrate
5 g Ballaststoffe

● Zubereitungszeit: etwa 15 Minuten

So wird's gemacht: Die Alfalfa- und Roggensprossen in einem Sieb unter fließendem kaltem Wasser abspülen und sehr gründlich abtropfen lassen. Die Mungobohnen- und die Kichererbsensprossen etwa 3 Minuten blanchieren. Den Feldsalat von welken Blättern befreien, mehrmals in stehendem kaltem Wasser waschen und ebenfalls abtropfen lassen. Die Tomate waschen, abtrocknen und würfeln, dabei den Stielansatz entfernen. • Für die Marinade den Senf mit dem Honig, dem Essig, Salz und Pfeffer verrühren. Das Olivenöl teelöffelweise unterschlagen. • Die Sprossen, den Feldsalat und die Tomatenwürfel in einer Schüssel vorsichtig mit der Marinade vermengen und den Salat mit der Kresse bestreut servieren.

Paßt gut zu: Pellkartoffeln mit Kräuterquark

Mein Tip Für diesen Salat eignen sich alle Sprossen; Sie können also beliebig variieren. Von manchen Herstellern gibt es auch Mischungen aus verschiedenen Samen zu kaufen, die Sie ebenfalls verwenden können.

Variante: Alfalfasprossen mit Senfdressing
200 g Alfalfasprossen (etwa 40 g Trockengewicht) in einem Sieb kalt abspülen und sehr gründlich abtropfen lassen. Für die Marinade ½ Knoblauchzehe schälen und durch die Knoblauchpresse drücken, dann mit 1–2 Teelöffeln grobkörnigem scharfem Senf, 1 Eßlöffel Sahne und 1 Eßlöffel Zitronensaft verrühren. Die Marinade mit Salz und frisch gemahlenem schwarzem Pfeffer würzen, dann 2 Eßlöffel Sonnenblumenöl nach und nach unterschlagen. Die Marinade mit den Alfalfasprossen vermischen und den Salat mit 1 Teelöffel Schnittlauchröllchen bestreut servieren.

Lauwarmer Spinatsalat mit Mungobohnen

Zutaten für 4 Personen:
500 g Blattspinat · 150 g Mungobohnensprossen
(etwa 45 g Trockengewicht) · Salz · 1 2 Knob-
lauchzehen · Saft von ½ Zitrone · weißer Pfeffer,
frisch gemahlen · 3 Eßl. kaltgepreßtes Olivenöl
Pro Portion etwa 460 kJ/110 kcal
6 g Eiweiß · 6 g Fett · 8 g Kohlenhydrate
6 g Ballaststoffe

● Zubereitungszeit: 15–20 Minuten

So wird's gemacht: Den Spinat von allen welken Blättern und den groben Stielen befreien
und mehrmals in stehendem kaltem Wasser
gründlich waschen. Den Spinat dann abtropfen
lassen. Die Mungobohnensprossen in einem
Sieb unter fließendem kaltem Wasser abspülen
und ebenfalls abtropfen lassen. • In einem großen Topf Wasser mit etwa ½ Teelöffel Salz zum
Kochen bringen. • Inzwischen die Knoblauchzehen schälen und in feine Stifte schneiden.
Den Knoblauch mit dem Zitronensaft, Salz und
Pfeffer verrühren. Das Olivenöl teelöffelweise
unterschlagen. • Den Spinat und die Mungobohnen in das sprudelnd kochende Wasser geben und etwa 3 Minuten blanchieren, bis der
Spinat zusammengefallen ist. Den Spinat und
die Mungobohnen in ein Sieb schütten, ganz
kurz mit kaltem Wasser abschrecken und gründlich abtropfen lassen. • Den Spinat und die
Sprossen mit der Knoblauchmarinade vermischen und auf vorgewärmten Tellern servieren.

Mein Tip Der Spinatsalat schmeckt
auch abgekühlt als Beilage zu Getreidepflänzchen sehr gut.

Tomatensalat mit Alfalfa und pochierten Eiern

Wenn Sie sich ein bißchen weniger Mühe machen möchten, können Sie die pochierten Eier
auch durch wachsweich gekochte Eier ersetzen.

Zutaten für 4 Personen:
750 g vollreife Tomaten · 1 Schalotte · 150 g Al-
falfasprossen (etwa 45 g Trockengewicht) ·
5 Eßl. Kräuteressig · Salz · schwarzer Pfeffer,
frisch gemahlen · 3 Eßl. Sonnenblumenöl ·
4 Eier
Pro Portion etwa 535 kJ/130 kcal
4 g Eiweiß · 7 g Fett · 13 g Kohlenhydrate
6 g Ballaststoffe

● Zubereitungszeit: etwa 25 Minuten

So wird's gemacht: Die Tomaten waschen, abtrocknen und quer in dünne Scheiben schneiden; dabei die Stielansätze entfernen. Die Schalotte schälen und sehr fein hacken. Die Alfalfasprossen in einem Sieb unter fließendem kaltem
Wasser abspülen und gründlich abtropfen lassen. • Für die Marinade 2 Eßlöffel Essig mit
Salz und Pfeffer verrühren. Das Sonnenblumenöl teelöffelweise unterschlagen. • Die To-
matenscheiben, Schalottenwürfel und Alfalfasprossen lagenweise auf vier Teller verteilen und
jeweils mit etwas Marinade übergießen. • Für
die Eier reichlich Wasser mit Salz und dem restlichen Essig zum Kochen bringen. Die Eier ein-
zeln in eine Schöpfkelle aufschlagen und nach-
einander in das kochende Wasser gleiten lassen.
Die Eier in etwa 4 Minuten garen, dann mit einem Schaumlöffel herausnehmen und mit kaltem Wasser abschrecken. • Die Eier neben dem
Tomatensalat anrichten.

Möhrensalat mit Weizensprossen

Bild nebenstehend

Zutaten für 2 Personen:
250 g junge Möhren · 75 g Weizensprossen
(etwa 30 g Trockengewicht) ·
1 Eßl. Weißweinessig · 1–2 Teel. Zitronensaft ·
1 Messerspitze flüssiger Honig · Salz · weißer
Pfeffer, frisch gemahlen · 2 Eßl. Sonnen-
blumenöl · einige Blätter frische Zitronen-
melisse · 2 Eßl. Crème fraîche · 1 Eßl. Petersilie,
frisch gehackt
Pro Portion etwa 755 kJ/180 kcal
8 g Eiweiß · 7 g Fett · 22 g Kohlenhydrate
8 g Ballaststoffe

● Zubereitungszeit: etwa 15 Minuten

So wird's gemacht: Die Möhren gründlich waschen, dünn schälen, abtrocknen und in dünne
Stifte schneiden. Die Weizensprossen in einem
Sieb unter fließendem kaltem Wasser abspülen
und gründlich abtropfen lassen ● Für die Marinade den Essig mit dem Zitronensaft, dem Honig, Salz und Pfeffer verrühren. Das Sonnenblumenöl teelöffelweise unterschlagen ● Die Möhren und die Weizensprossen in einer Schüssel
mit der Marinade mischen ● Die Zitronenmelisse kalt abspülen, trockentupfen, in dünne Streifen schneiden und über den Salat streuen. Die
Crème fraîche mit der Petersilie verrühren und
den Salat damit garnieren.

Mein Tip Der Möhrensalat schmeckt
auch mit Leinsamen-, Sonnenblumen-
oder Kressekeimlingen.

Kartoffelsalat mit Linsensprossen

Zutaten für 4 Personen:
600 g Salatkartoffeln (festkochende Sorte) ·
200 g Linsensprossen (etwa 50 g Trocken-
gewicht) · 1 mittelgroße Zwiebel · ¼ l Gemüse-
brühe (Instant) · 2 Teel. scharfer Senf ·
2 Eßl. Weißweinessig · 4 Eßl. Sonnenblumenöl ·
Salz · weißer Pfeffer, frisch gemahlen ·
50 g Kressesprossen (etwa 10 g Trockengewicht)
Pro Portion etwa 965 kJ/230 kcal
6 g Eiweiß · 9 g Fett · 32 g Kohlenhydrate
5 g Ballaststoffe

● Garzeit für die Kartoffeln: etwa 40 Minuten
● Zubereitungszeit: etwa 20 Minuten

So wird's gemacht: Die Kartoffeln gründlich
waschen und in der Schale in wenig Wasser zugedeckt bei mittlerer Hitze in etwa 40 Minuten
weich kochen. Die Kartoffeln dann kalt abschrecken und etwas ausdämpfen lassen. ● Inzwischen die Linsensprossen in einem Sieb unter fließendem kaltem Wasser abspülen und
abtropfen lassen. Die Zwiebel schälen und sehr
fein hacken. ● Die Gemüsebrühe erhitzen und
die Linsensprossen darin etwa 3 Minuten köcheln lassen. Dann die Zwiebelwürfel, den Senf,
den Essig und nach und nach das Sonnenblumenöl unterrühren. Die Marinade mit Salz und
Pfeffer würzen. ● Die Kartoffeln schälen und in
dünne Scheiben schneiden. Die Kartoffeln la-

Ein Möhrensalat mit Weizensprossen ist ideal als   ▷
Rohkost vor einem Hauptgericht. Rezept auf dieser
Seite.

genweise in ein Schüssel schichten, dabei jede Lage mit etwas Sprossenmarinade begießen. • Die Kressesprossen in einem Sieb kalt abspülen, gründlich abtropfen lassen und über den Salat streuen.

Paßt gut zu: Getreidepflänzchen oder panierten Tofuschnitten

Mein Tip Sie können den Kartoffelsalat vor dem Servieren einige Zeit durchziehen lassen; er läßt sich also gut vorbereiten. Der Salat schmeckt auch mit Buchweizen- oder Roggensprossen ganz ausgezeichnet.

Avocadocreme mit Roggensprossen

Die Avocadocreme schmeckt sowohl als kleines Gericht für zwischendurch wie auch zum Abendessen. Als Vorspeise ist die Menge für 4 Personen ausreichend.

Zutaten für 2 Personen:
1 vollreife Avocado (etwa 250 g) · Saft von ½ Zitrone · ½ Becher Joghurt (75 g) · 1 Tomate (etwa 75 g) · 75 g Roggensprossen (etwa 30 g Trockengewicht) · 1 Teel. scharfer Senf ·

◁ Eine klare Gemüsebrühe mit grünen Erbsensprossen ist schnell zubereitet. Durch die Käseklößchen wird sie zu einer sättigenden Suppe. Rezept Seite 26.

Salz · weißer Pfeffer, frisch gemahlen · 1 Prise Cayennepfeffer · ½ Bund Petersilie
Pro Portion etwa 1525 kJ/360 kcal
7 g Eiweiß · 31 g Fett · 13 g Kohlenhydrate
5 g Ballaststoffe

● Zubereitungszeit: etwa 20 Minuten

So wird's gemacht: Die Avocado halbieren und den Kern entfernen. Das Fruchtfleisch mit einem Teelöffel aus den Schalen lösen und mit einer Gabel fein zerdrücken. Das Avocadopüree sofort mit dem Zitronensaft und dem Joghurt vermischen, damit es sich nicht braun verfärbt. • Die Tomate waschen, abtrocknen und in kleine Würfel schneiden, dabei den Stielansatz entfernen. Die Roggensprossen in einem Sieb unter fließendem kaltem Wasser abspülen und gründlich abtropfen lassen, dann grobhacken. Die Sprossen mit den Tomatenwürfeln und dem Senf unter das Avocadopüree mischen. • Die Creme mit Salz, Pfeffer und dem Cayennepfeffer abschmecken. Die Petersilie waschen, trockenschwenken und feinhacken. Die Avocadocreme damit bestreut servieren.

Mein Tip Ausgereifte Avocados müssen schon auf leichten Fingerdruck elastisch nachgeben. Noch harte Früchte reifen in wenigen Tagen nach, wenn Sie sie in Zeitungspapier wickeln und bei Zimmertemperatur aufbewahren.

Variante: Joghurt-Knoblauchcreme mit Sesam
1 Becher Joghurt (175 g) mit einem Schneebesen glattrühren. 1–2 Knoblauchzehen schälen und durch die Knoblauchpresse in die Joghurtmasse drücken. Den Knoblauchjoghurt mit Salz, frisch gemahlenem schwarzem Pfeffer und 1 Prise Kreuzkümmel abschmecken. 75 g Sesampros-

sen (etwa 40 g Trockengewicht) in einem Sieb unter fließendem kaltem Wasser abspülen und gründlich abtropfen lassen, dann in einer trokkenen Pfanne unter Rühren etwa 2 Minuten anrösten. Die Sesamsprossen mit 1 Eßlöffel Schnittlauchröllchen unter die Knoblauchcreme mischen.

Variante: Quarkcreme mit Senf und Kresse
40 g Roquefortkäse mit einer Gabel fein zerdrücken und mit 150 g Magerquark und ½ Becher Sahne (100 g) verrühren. 75 g gemischte Senf- und Kressesprossen (etwa 30 g Trockengewicht) in einem Sieb unter fließendem kaltem Wasser abspülen und gründlich abtropfen lassen, dann unter den Käsequark mischen. Die Creme mit wenig Salz, frisch gemahlenem weißem Pfeffer und 1 Teelöffel Zitronensaft abschmecken.

Rühreier mit Tomaten und Mungobohnen

Zutaten für 2 Personen:
150 g vollreife Tomaten · 75 g Mungobohnensprossen (etwa 25 g Trockengewicht) · 1 kleine Zwiebel · ½ Knoblauchzehe · ½ Eßl. Butter · 4 Eier · 1 Eßl. Sahne · Salz · schwarzer Pfeffer, frisch gemahlen · ½ Eßl. Petersilie, frisch gehackt
Pro Portion etwa 410 kJ/100 kcal
5 g Eiweiß · 5 g Fett · 8 g Kohlenhydrate
3 g Ballaststoffe

- Vorbereitungszeit: etwa 15 Minuten
- Garzeit: etwa 10 Minuten

So wird's gemacht: Die Tomaten mit kochendheißem Wasser überbrühen, kurz darin ziehen lassen und anschließend kalt abschrecken. Die Tomaten häuten und in kleine Würfel schneiden, dabei die Stielansätze und die Kerne entfernen. Die Mungobohnensprossen in einem Sieb unter fließendem kaltem Wasser abspülen und gründlich abtropfen lassen. Die Zwiebel und die Knoblauchzehe schälen und feinhakken. • Die Butter in einer Pfanne zerlassen, aber nicht bräunen. Die Zwiebel und den Knoblauch darin unter Rühren glasig dünsten. Die Tomatenwürfel und die Mungobohnensprossen dazugeben und alles zugedeckt bei schwacher Hitze 3–5 Minuten dünsten lassen. • Inzwischen die Eier mit der Sahne, Salz, Pfeffer und der Petersilie verquirlen. • Die Eier in die Pfanne geben und vorsichtig unter die Tomaten-Sprossenmischung heben. Die Eimasse bei mittlerer Hitze so lange garen, bis sie gestockt ist; dabei gelegentlich leicht durchrühren. • Die Rühreier eventuell noch einmal mit Salz und Pfeffer abschmecken und sofort servieren.

Das paßt dazu: Vollkornbrot oder Pellkartoffeln und gemischter Salat

Variante: Rühreier mit Champignons und Linsen
150 g Champignons putzen, gegebenenfalls ganz kurz unter fließendem Wasser waschen, und blättrig schneiden. Die Pilze mit ½ Eßlöffel Zitronensaft beträufeln. 75 g Linsensprossen (etwa 35 g Trockengewicht) in einem Sieb kalt abspülen und abtropfen lassen. 1 kleine Zwiebel schälen, feinhacken und in ½ Eßlöffel Sonnenblumenöl glasig dünsten. Die Pilze dazugeben und bei starker Hitze braten, bis die Flüssigkeit, die sich dabei bildet, wieder verdampft ist. Die Linsensprossen ebenfalls dazugeben und etwa 3 Minuten mitbraten. 4 Eier mit 1 Eßlöffel Milch, Salz, frisch gemahlenem weißem Pfeffer und 1 Prise Cayennepfeffer verquirlen und über die Pilzmischung gießen. Die Eier unter vorsichtigem Rühren bei mittlerer Hitze so lange garen, bis sie gestockt sind. Die Rühreier mit 1 Eßlöffel Schnittlauchröllchen oder 1 Teelöffel frischen Thymianblättchen bestreut servieren.

Omelettes mit Hafersprossen

Zutaten für 4 Personen:
2 Knoblauchzehen · 1 Bund Basilikum ·
4–5 Blätter frischer Salbei · 1 Bund Petersilie ·
2 Eßl. Sonnenblumenkerne · 4 Eßl. kaltgepreßtes
Olivenöl · 50 g Parmesankäse, frisch gerieben ·
Salz · weißer Pfeffer, frisch gemahlen ·
350 g Hafersprossen (etwa 140 g Trocken-
gewicht) · 1 Zwiebel · 2 Tomaten (etwa 180 g) ·
1 Eßl. Sonnenblumenöl · 2 Eßl. Crème fraîche ·
8 große Eier · 40 g Butter
Pro Portion etwa 1390 kJ/330 kcal
10 g Eiweiß · 26 g Fett · 15 g Kohlenhydrate
5 g Ballaststoffe

- Vorbereitungszeit: etwa 30 Minuten
- Garzeit: etwa 30 Minuten

So wird's gemacht: Die Knoblauchzehen schälen und durch die Knoblauchpresse drücken. Die Kräuter waschen, trockenschwenken, von den groben Stielen befreien und sehr fein hakken. Die Sonnenblumenkerne feinreiben. • Den Knoblauch, die Kräuter und die Sonnenblumenkerne in einem Mörser zu einer feinen Paste zerstoßen, dabei nach und nach das Olivenöl untermischen. Den Parmesan unterrühren und die Paste mit wenig Salz und Pfeffer abschmekken. • Die Hafersprossen in einem Sieb unter fließendem kaltem Wasser abspülen und gründlich abtropfen lassen. Die Zwiebel schälen und grobhacken. Die Tomaten waschen, abtrocknen und in Würfel schneiden, dabei die Stielansätze entfernen. • Das Sonnenblumenöl in einem Topf erhitzen und die Zwiebel darin unter Rühren glasig dünsten. Die Hafersprossen und die Tomaten hinzufügen und kurz mitdünsten. Die Crème fraîche daruntermischen, das Sprossengemüse mit Salz und Pfeffer abschmecken und zugedeckt warm halten. • Inzwischen 2 Eier mit Salz und Pfeffer verquirlen. Etwa ein Viertel der Butter in einer Pfanne erhitzen, die Eier hineingeben und bei mittlerer bis schwacher Hitze so lange backen, bis die Masse gestockt ist. Die Omelette dann auf einen Teller gleiten lassen und warm halten. Die restlichen Omelettes ebenso backen. • Das Sprossengemüse mit der Kräuterpaste verrühren und zu den Omelettes servieren.

Das paßt dazu: gemischter Salat oder Vollkornbrot

Variante: Omelettes mit Kichererbsen
250 g Egerlinge putzen, gegebenenfalls ganz kurz kalt abwaschen, blättrig schneiden und mit 1 Eßlöffel Zitronensaft vermischen. 250 g Kichererbsensprossen (etwa 125 g Trockengewicht) in einem Sieb kalt abspülen und gründlich abtropfen lassen. 1 Fleischtomate waschen, abtrocknen und würfeln, dabei den Stielansatz herausschneiden. 1 kleine Zwiebel und 1 Knoblauchzehe schälen, feinhacken und in 1 Eßlöffel Sonnenblumenöl glasig dünsten. Die Egerlinge und die Kichererbsensprossen dazugeben und mitbraten, bis die Flüssigkeit, die sich dabei bildet, wieder verdampft ist. Die Tomatenwürfel dazugeben und das Gemüse bei schwacher Hitze zugedeckt etwa 5 Minuten garen; dann auf der abgeschalteten Kochplatte warm halten. Inzwischen 8 Eier mit Salz und frisch gemahlenem weißem Pfeffer verquirlen und 4 Omelettes, wie oben beschrieben, in insgesamt 40 g Butter backen. Die Omelettes auf vorgewärmte Teller gleiten lassen und warm halten. Das Sprossengemüse mit Salz, Pfeffer, 1 Messerspitze Honig und 1 Prise Cayennepfeffer abschmecken und zu den Omelettes servieren.

Kartoffel-Lauch-Suppe mit Weizensprossen

Wenn Sie diese Suppe als Vorspeise servieren möchten, ist die Menge auch für 4 Personen ausreichend. Sie schmeckt auch mit anderen Getreidesprossen, wie zum Beispiel gekeimtem Roggen, sehr gut.

Zutaten für 2 Personen:
1 Stange Lauch/Porree (etwa 150 g) ·
200 g mehlig kochende Kartoffeln ·
½ Eßl. Butter · etwa 375 ccm Gemüsebrühe (siehe Tip Seite 26) · 75 g Weizensprossen (etwa 30 g Trockengewicht) · ½ Becher Sahne (75 g) · Salz · weißer Pfeffer, frisch gemahlen · 1 Prise geriebene Muskatnuß
Pro Portion etwa 1220 kJ/290 kcal
7 g Eiweiß · 16 g Fett · 27 g Kohlenhydrate
10 g Ballaststoffe

● Vorbereitungszeit: etwa 20 Minuten
● Garzeit: etwa 10 Minuten

So wird's gemacht: Den Lauch putzen, gründlich waschen und in feine Ringe schneiden; dabei etwa zwei Drittel des Lauchgrüns mitverwenden. Die Kartoffeln gründlich waschen, schälen und in etwa ½ cm dicke Stifte schneiden. • Die Butter in einem Topf erhitzen und die Lauchringe darin unter Rühren glasig dünsten. Die Kartoffelstifte hinzufügen und kurz mitdünsten. Die Gemüsebrühe angießen und zum Kochen bringen. Die Suppe bei schwacher bis mittlerer Hitze zugedeckt etwa 10 Minuten köcheln lassen. • Inzwischen die Weizensprossen in einem Sieb unter fließendem kaltem Wasser abspülen und abtropfen lassen. • Die Weizensprossen mit der Sahne unter die Suppe mischen und nur darin erwärmen. • Die Suppe mit Salz, Pfeffer und dem Muskat pikant abschmecken und sofort servieren.

Tomatensuppe mit Mungobohnen

Zutaten für 2 Personen:
500 g vollreife Tomaten · 1 kleine Zwiebel ·
1 Teel. Sonnenblumenöl · ¼ l Gemüsebrühe (siehe Tip Seite 26) · 150 g Mungobohnensprossen (etwa 45 g Trockengewicht) · 1 Bund Basilikum · ½ Becher Sahne (100 g) · Salz · schwarzer Pfeffer, frisch gemahlen · 1 Messerspitze flüssiger Honig
Pro Portion etwa 1135 kJ/270 kcal
8 g Eiweiß · 18 g Fett · 20 g Kohlenhydrate
8 g Ballaststoffe

● Vorbereitungszeit: etwa 15 Minuten
● Garzeit: etwa 10 Minuten

So wird's gemacht: Die Tomaten mit kochendheißem Wasser überbrühen, kurz darin ziehen lassen, kalt abschrecken und häuten. Die Tomaten in kleine Würfel schneiden, dabei die Stielansätze und die Kerne entfernen. Die Zwiebel schälen und sehr fein hacken. • Das Sonnenblumenöl erhitzen und die Zwiebel darin glasig dünsten. Die Tomaten hinzufügen und kurz mitschmoren, dann die Gemüsebrühe angießen und zum Kochen bringen. Die Suppe bei mittlerer Hitze etwa 5 Minuten garen, bis die Tomaten

Mein Tip Um Tomaten zu entkernen, schneiden Sie die enthäuteten Früchte am besten einmal waagerecht durch, nehmen die Hälften in eine Hand und pressen die Kerne durch leichten Druck heraus. Wenn Sie kein frisches Basilikum bekommen, ersetzen Sie es durch ½ Teelöffel getrocknete Kräuter wie Thymian oder Oregano oder Sie verwenden Petersilie.

fast weich sind. • Inzwischen die Mungobohnensprossen in einem Sieb unter fließendem kaltem Wasser abspülen und abtropfen lassen. Die Sprossen unter die Tomatensuppe mischen und alles weitere 3 Minuten kochen. • Inzwischen das Basilikum waschen, trockenschwenken und ohne die groben Stiele in feine Streifen schneiden. • Die Sahne und die Hälfte des Basilikums unter die Suppe mischen, alles mit Salz, Pfeffer und dem Honig abschmecken und mit dem restlichen Basilikum bestreut sofort servieren.

Selleriecremesuppe mit Bockshornklee

Zutaten für 2 Personen:
1 kleine Sellerieknolle (etwa 400 g) · ½ l Gemüsebrühe (siehe Tip Seite 26) · 100 g Bockshornkleesprossen (etwa 30 g Trockengewicht) · 1 Bund Petersilie · 1 Bund Schnittlauch · etwa 150 ccm Milch · Salz · weißer Pfeffer, frisch gemahlen · 1 Prise geriebene Muskatnuß
Pro Portion etwa 615 kJ/150 kcal
9 g Eiweiß · 5 g Fett · 18 g Kohlenhydrate
7 g Ballaststoffe

- Vorbereitungszeit: etwa 15 Minuten
- Garzeit: etwa 20 Minuten

So wird's gemacht: Den Sellerie gründlich waschen, schälen und in kleine Stücke schneiden. • Etwa die Hälfte der Gemüsebrühe zum Kochen bringen und den Sellerie darin bei mittlerer Hitze zugedeckt in etwa 15 Minuten weich kochen. • Inzwischen die Bockshornkleesprossen in einem Sieb unter fließendem kaltem Wasser abspülen und abtropfen lassen. Die Kräuter kalt waschen, trockenschwenken und feinschneiden. • Den gegarten Sellerie vom Herd nehmen und etwas abkühlen lassen, dann im Mixer fein

pürieren oder mit dem Kartoffelstampfer zu einem glatten Mus zerdrücken. • Das Selleriepüree mit der restlichen Gemüsebrühe und der Milch auf die gewünschte Konsistenz verdünnen und erneut zum Kochen bringen. Die Bockshornkleesprossen untermischen und etwa 3 Minuten in der Suppe garen. Die Suppe mit Salz, Pfeffer, dem Muskat abschmecken, die feingeschnittenen Kräuter untermischen und sofort servieren.

Sprossen sollte man vor der Zubereitung immer gründlich unter fließendem kaltem Wasser abspülen.

Variante: Champignoncremesuppe mit Alfalfa
400 g Champignons putzen, gegebenenfalls ganz kurz waschen und blättrig schneiden. Die Pilze mit 1 Eßlöffel Zitronensaft beträufeln, damit sie sich nicht verfärben. 1 mittelgroße Zwiebel und 1 Knoblauchzehe schälen, sehr fein hacken und in 1 Eßlöffel Butter glasig dünsten. Die Pilze (1 Eßlöffel beiseite legen) hinzufügen und einige Minuten bei mittlerer Hitze mitdünsten. ¼ l Gemüsebrühe angießen und die Pilze bei mittlerer Hitze etwa 5 Minuten köcheln lassen. Inzwischen 100 g Alfalfasprossen (etwa 20 g Trockengewicht) in einem Sieb kalt abspülen, abtropfen lassen und grob zerkleinern. Die Pilzsuppe etwas abkühlen lassen, dann im Mixer fein pürieren. Das Püree mit ¼ l Gemüsebrühe und 100 g Sahne verrühren und erneut

zum Kochen bringen. Die Suppe mit Salz, frisch gemahlenem weißem Pfeffer und 1 Prise Cayennepfeffer abschmecken. Die Alfalfasprossen sowie die restlichen Pilze untermischen und nur erwärmen. Die Suppe mit 1 Eßlöffel frisch gehackter Petersilie bestreut servieren.

Klare Brühe mit grünen Erbsensprossen

Bild Seite 20

Zutaten für 4 Personen:
30 g Butter · 30 g Emmentaler Käse, frisch gerieben · 1 Ei · 80 g Weizenvollkornmehl · Salz · weißer Pfeffer, frisch gemahlen · 1 Eßl. Petersilie, frisch gehackt · 150 g junge Möhren · 250 g grüne Erbsensprossen (etwa 125 g Trockengewicht) · 1 l Gemüsebrühe (siehe Tip) · 1 Bund Schnittlauch
Pro Portion etwa 1000 kJ/240 kcal
9 g Eiweiß · 11 g Fett · 26 g Kohlenhydrate
4 g Ballaststoffe

● Vorbereitungszeit: etwa 20 Minuten
● Garzeit: etwa 10 Minuten

So wird's gemacht: Für die Klößchen die Butter mit dem Käse schaumig rühren. Das Ei und das Mehl untermischen und die Masse mit Salz, Pfeffer und der Petersilie würzen. • Die Möhren gründlich waschen, gegebenenfalls dünn schälen und in schmale Stifte schneiden. Die Erbsensprossen in einem Sieb unter fließendem kaltem Wasser abspülen und abtropfen lassen. • Die Gemüsebrühe zum Kochen bringen. Von dem Käseteig mit zwei angefeuchteten Teelöffeln ein Probeklößchen abstechen und in die leise köchelnde Brühe geben. Sollte das Klößchen abkochen, noch etwas Mehl unter den Teig mischen. • Die restlichen Klößchen ebenfalls mit

Teelöffeln abstechen, in die Suppe gleiten lassen und bei mittlerer Hitze etwa 5 Minuten darin köcheln. Die Möhren und die Erbsensprossen hinzufügen und alles zusammen in 5 Minuten garen, bis die Möhren bißfest sind. • Inzwischen den Schnittlauch waschen, trockenschwenken und in feine Röllchen schneiden. Die Suppe eventuell mit Salz und Pfeffer abschmecken und mit dem Schnittlauch bestreut servieren.

Mein Tip Eine Gemüsebrühe können Sie ganz einfach und schnell selbst herstellen. Sie benötigen dazu etwa 1,5 kg geputztes und kleingeschnittenes Gemüse wie Möhren, Lauch, Fenchel, Weißkraut und Sellerie, das Sie mit frischen Kräutern, 1 Lorbeerblatt, einigen Pfefferkörnern, 2 Gewürznelken und etwas Salz in 1½ l Wasser 30 Minuten bei mittlerer Hitze leise köcheln lassen.

Mangoldsuppe mit Kichererbsensprossen

Zutaten für 2 Personen:
200 g Mangold · 2 Tomaten (etwa 150 g) · 100 g Kichererbsensprossen (etwa 50 g Trockengewicht) · ½ l Gemüsebrühe (siehe Tip Seite 26) · ½ Bund Petersilie · Salz · schwarzer Pfeffer, frisch gemahlen · ½ Teel. Kreuzkümmel · 1 Messerspitze flüssiger Honig
Pro Portion etwa 400 kJ/95 kcal
6 g Eiweiß · 1 g Fett · 15 g Kohlenhydrate
8 g Ballaststoffe

● Vorbereitungszeit: etwa 15 Minuten
● Garzeit: etwa 10 Minuten

So wird's gemacht: Den Mangold von allen welken Stellen befreien, waschen und abtropfen lassen. Die Blätter von den Stielen streifen und grobhacken, die Stiele in etwa 1 cm breite Stücke schneiden. Die Tomaten mit kochendheißem Wasser überbrühen, kurz darin ziehen lassen, kalt abschrecken, häuten und würfeln; dabei die Stielansätze entfernen. Die Kichererbsensprossen in einem Sieb unter fließendem kaltem Wasser abspülen und abtropfen lassen. • Die Gemüsebrühe zum Kochen bringen. Die Mangoldstiele hineingeben und etwa 5 Minuten bei mittlerer Hitze darin köcheln lassen. Dann die Mangoldblätter, die Tomaten und die Kichererbsensprossen in die Brühe geben und alles zusammen in 5 Minuten garen. • Inzwischen die Petersilie waschen, trockenschwenken und ohne die groben Stiele feinhacken. • Die Mangoldsuppe mit Salz, Pfeffer, dem Kreuzkümmel und dem Honig abschmecken und mit der Petersilie bestreut sofort servieren.

Rote-Bete-Topf mit Roggensprossen

Zutaten für 2 Personen:
2 kleine rote Beten (etwa 350 g) · 1 mittelgroße Zwiebel · 1 Eßl. Sonnenblumenöl · knapp ⅛ l Gemüsebrühe (siehe Tip Seite 26) · 1 Kartoffel (etwa 230 g) · 100 g Roggensprossen (etwa 40 g Trockengewicht) · 75 g Gorgonzolakäse · 1 Eßl. Kürbiskerne · ½ Becher Sahne (100 g) · Salz · schwarzer Pfeffer, frisch gemahlen · 1 Teel. Zitronensaft · 1 Eßl. Schnittlauch, frisch geschnitten
Pro Portion etwa 2000 kJ/470 kcal
15 g Eiweiß · 34 g Fett · 27 g Kohlenhydrate
8 g Ballaststoffe

● Vorbereitungszeit: etwa 10 Minuten
● Garzeit: etwa 25 Minuten

So wird's gemacht: Die roten Beten waschen, schälen und in kleine Würfel schneiden. Die Zwiebel ebenfalls schälen und feinhacken. • Das Sonnenblumenöl in einem Topf erhitzen und die Zwiebel darin glasig dünsten. Die roten Beten dazugeben und unter Rühren kurz mitdünsten. Die Gemüsebrühe angießen, einmal aufkochen, und die roten Beten zugedeckt bei mittlerer Hitze etwa 10 Minuten garen. • Inzwischen die Kartoffel waschen, schälen und kleinwürfeln. Die Roggensprossen in einem Sieb unter fließendem kaltem Wasser abspülen und abtropfen lassen. • Die Kartoffelwürfel zu den roten Beten geben und alles zusammen 10 Minuten zugedeckt weitergaren. • Den Gorgonzola in kleine Stücke schneiden und mit den Roggensprossen, den Kürbiskernen und der Sahne unter den Eintopf mischen. Alles so lange unter Rühren kochen, bis sich der Käse aufgelöst hat (gegebenenfalls bei starker Hitze etwas einkochen lassen). • Den Eintopf mit Salz, Pfeffer und dem Zitronensaft abschmecken und mit dem Schnittlauch bestreut servieren.

Das paßt dazu: Vollkornbrot und gemischter Salat

Mein Tip Die roten Beten sondern beim Schälen einen roten Saft ab, der sich oft schwer von den Händen abwaschen läßt. Sie sollten deshalb Gummihandschuhe benutzen und das Gemüse auf einem Plastikbrett und nicht auf Holz kleinschneiden.

Grünkohltopf mit Erbsensprossen

Im Winter ist dies ein wärmender, sättigender Eintopf.

Zutaten für 2 Personen:
2 mehligkochende Kartoffeln (etwa 280 g) ·
350 g Grünkohl · 1 kleine Zwiebel ·
1 Eßl. Sonnenblumenöl · 50 ccm Gemüsebrühe
(siehe Tip Seite 26) · 150 g grüne Erbsensprossen
(etwa 125 g Trockengewicht) · Salz · schwarzer
Pfeffer, frisch gemahlen · ½ Becher Sahne
(100 g) · 30 g Parmesankäse, frisch gerieben ·
1 Eßl. Petersilie, frisch gehackt
Pro Portion etwa 2150 kJ/510 kcal
24 g Eiweiß · 26 g Fett · 46 g Kohlenhydrate
20 g Ballaststoffe

● Vorbereitungszeit: etwa 20 Minuten
● Garzeit: etwa 20 Minuten

So wird's gemacht: Die Kartoffeln gründlich waschen, schälen und in kleine Würfel schneiden. Den Grünkohl ebenfalls gründlich waschen, die Blätter von den Stielen streifen und grob zerkleinern. Die Zwiebel schälen und sehr fein hacken. • Das Sonnenblumenöl erhitzen und die Zwiebel darin glasig dünsten. Die Kartoffelwürfel hinzufügen und unter Rühren kurz mitdünsten. Den Grünkohl untermischen, die Gemüsebrühe angießen und alles zugedeckt bei mittlerer Hitze etwa 10 Minuten garen. • Inzwischen die Erbsensprossen in einem Sieb unter fließendem kaltem Wasser abspülen und abtropfen lassen. Die Sprossen zum Eintopf geben und alles zusammen 10 Minuten köcheln lassen. • Den Grünkohltopf mit wenig Salz und Pfeffer würzen. Die Sahne und den Parmesan untermischen und alles so lange verrühren, bis der Käse geschmolzen ist. • Den Grünkohltopf mit der Petersilie bestreut servieren.

Kartoffel-Broccoli-Topf mit gemischten Sprossen

Bild nebenstehend

Zutaten für 4 Personen:
1 kg mehlig kochende Kartoffeln ·
600 g Broccoli · 150 ccm Gemüsebrühe (siehe Tip
Seite 26) · 100 g Alfalfasprossen (etwa 20 g
Trockengewicht) · 100 g gekeimte Sonnenblumen-
kerne (etwa 50 g Trockengewicht) · 50 g Bocks-
hornkleesprossen (etwa 15 g Trockengewicht) ·
1 Becher Crème fraîche (200 g) · Salz · weißer
Pfeffer, frisch gemahlen · 1 Prise geriebene
Muskatnuß
Pro Portion etwa 2410 kJ/570 kcal
18 g Eiweiß · 30 g Fett · 60 g Kohlenhydrate
16 g Ballaststoffe

● Vorbereitungszeit: etwa 20 Minuten
● Garzeit: etwa 20 Minuten

So wird's gemacht: Die Kartoffeln gründlich waschen, schälen und in Würfel schneiden. Die Broccoli ebenfalls waschen und abtropfen lassen. Die Röschen abtrennen, die Stiele dünn schälen und in etwa 2 cm lange Stücke schneiden. • Die Kartoffeln mit der Gemüsebrühe zum Kochen bringen und bei mittlerer Hitze zugedeckt etwa 10 Minuten garen. • Inzwischen alle Sprossen in einem Sieb unter fließendem kaltem Wasser abspülen und abtropfen lassen. •

Diesen Eintopf mit gemischten Sprossen können Sie ▷
zusätzlich mit wachsweich gekochten Eiern anreichern. Rezept auf dieser Seite.

Die Sprossen und die Broccoli unter die Kartoffeln mischen und alles zusammen weitere 10 Minuten garen, bis die Broccoli bißfest und die Kartoffeln weich sind. • Die Crème fraîche untermischen, den Eintopf mit Salz, Pfeffer und dem Muskat abschmecken und sofort servieren.

Bunter Gemüsetopf mit gemischten Sprossen

Zutaten für 4 Personen:
200 g Langkorn-Naturreis · etwa 400 ccm
Gemüsebrühe (siehe Tip Seite 26) · 1 Zwiebel ·
2 Knoblauchzehen · 200 g grüne Bohnen ·
200 g junge Möhren · 200 g Blattspinat ·
200 g Tomaten · 200 g gemischte Sprossen (zum
Beispiel Kichererbsen, Alfalfa, Weizen, Senf
und Sonnenblumenkerne; etwa 65 g Trocken-
gewicht) · 3–4 Eßl. Olivenöl · 1 Eßl. Sojasauce ·
1 Eßl. trockener Sherry · Salz · weißer Pfeffer,
frisch gemahlen · 1 Bund Basilikum · einige
Blätter frischer Salbei
Pro Portion etwa 1265 kJ/300 kcal
10 g Eiweiß · 21 g Fett · 20 g Kohlenhydrate
7 g Ballaststoffe

● Zubereitungszeit: etwa 45 Minuten

So wird's gemacht: Den Reis mit der Gemüsebrühe zum Kochen bringen, dann zugedeckt bei schwacher Hitze in etwa 40 Minuten körnig ausquellen lassen. Dabei gegebenenfalls noch etwas Gemüsebrühe nachgießen. • Inzwischen die Zwiebel und die Knoblauchzehen schälen und sehr fein hacken. Die Bohnen putzen, wa-

schen und in etwa 2 cm lange Stücke schneiden. Die Möhren waschen, gegebenenfalls dünn schälen und in Stifte schneiden. Den Spinat von welken Blättern und den groben Stielen befreien, mehrmals in stehendem kaltem Wasser waschen und gründlich abtropfen lassen. Die Tomaten mit kochendheißem Wasser überbrühen, kurz darin ziehen lassen, kalt abschrecken und häuten. Die Tomaten in kleine Würfel schneiden, dabei die Stielansätze entfernen. Die Sprossen in einem Sieb unter fließendem kaltem Wasser abspülen und abtropfen lassen. • Etwas Olivenöl in einer großen Pfanne erhitzen. Die Zwiebel und den Knoblauch darin unter Rühren glasig dünsten. Die Bohnenstücke dazugeben und etwa 5 Minuten mitdünsten. Die Möhrenstifte untermischen und ebenfalls kurz mitbraten; dabei immer wieder etwas Olivenöl nachgießen. • Die Tomaten, den Blattspinat und die Sprossen sowie die Sojasauce und den Sherry untermischen. Das Gemüse mit Salz und Pfeffer würzen und zugedeckt bei schwacher Hitze garen, bis die Bohnen weich sind und der Spinat zusammengefallen ist; das dauert etwa 5 Minuten. • Inzwischen das Basilikum und den Salbei waschen, trockenschwenken und ohne die groben Stiele in feine Streifen schneiden. • Den Reis, das Basilikum und den Salbei untermischen und den Eintopf sofort servieren.

Das paßt dazu: frisch geriebener Käse

Mein Tip Sie können diesen Eintopf mit allen Gemüsesorten zubereiten. Sie sollten nur immer darauf achten, daß Sie hartfaseriges Gemüse wie Bohnen, Sellerie und Fenchel zuerst anbraten und kurz vorgaren, damit weicheres Gemüse wie Blattgemüse nicht verkocht.

◁ Dieses südländisch angehauchte Gemüse wird durch die verschiedenen Sprossen zum sättigenden Hauptgericht. Rezept Seite 32.

Hauptgerichte mit Sprossen

Blumenkohl mit Senfsprossen

Zutaten für 4 Personen:
1 Blumenkohl (etwa 1 kg) · 1 mittelgroße
Zwiebel · 1 Knoblauchzehe · 1–2 Eßl. Sonnen-
blumenöl · ⅛ l Gemüsebrühe (siehe Tip
Seite 26) · 150 g Senfsprossen (etwa
50 g Trockengewicht) · ½ Teel. Kurkuma ·
½ Teel. Ingwerpulver · ½ Teel. Kreuzkümmel ·
Salz · schwarzer Pfeffer, frisch gemahlen ·
1 Becher saure Sahne (200 g) · 1 Bund Petersilie
Pro Portion etwa 1225 kJ/290 kcal
10 g Eiweiß · 20 g Fett · 19 g Kohlenhydrate
7 g Ballaststoffe

● Vorbereitungszeit: etwa 10 Minuten
● Garzeit: etwa 10 Minuten

So wird's gemacht: Den Blumenkohl von allen
welken Stellen befreien, gründlich waschen und
in kleine Röschen teilen. Die Zwiebel und die
Knoblauchzehe schälen und feinhacken. • Das
Sonnenblumenöl erhitzen und die Zwiebel und
den Knoblauch darin glasig dünsten. Den Blumenkohl dazugeben und mitdünsten, bis er vom
Öl überzogen ist; dabei eventuell noch etwas Öl
nachgießen. • Die Gemüsebrühe angießen, zum
Kochen bringen und den Blumenkohl zugedeckt bei mittlerer Hitze etwa 5 Minuten garen. • Inzwischen die Senfsprossen in einem
Sieb unter fließendem kaltem Wasser abspülen
und abtropfen lassen. Die Sprossen mit dem
Kurkuma, dem Ingwerpulver, dem Kreuzkümmel, Salz und Pfeffer zum Blumenkohl geben
und alles zusammen weitere 5 Minuten garen. •
Die saure Sahne unter das Blumenkohlgemüse
mischen und die Flüssigkeit unter Rühren im
offenen Topf etwas einkochen lassen. • Die Petersilie waschen, trockenschwenken und ohne
die groben Stiele feinhacken. • Den Blumenkohl mit der Petersilie bestreut servieren.

Das paßt dazu: Bunter Salat mit Rettichsprossen (Rezept Seite 15) und Naturreis

Variante: Blumenkohl-Kartoffel-Curry mit Bockshornklee
1 kleinen Blumenkohl von etwa 600 g putzen,
waschen und in kleine Röschen teilen. 400 g
Kartoffeln waschen, schälen und würfeln.
1 kleine Zwiebel, 2 Knoblauchzehen und
1 Stück frischen Ingwer von etwa 1 cm Länge
schälen und sehr fein hacken, dann in 1–2 Eßlöffeln Pflanzenöl glasig dünsten. Die Kartoffel-
stücke dazugeben und kurz mitdünsten. Je ⅛ l
Sojamilch und Gemüsebrühe angießen und die
Kartoffeln bei schwacher Hitze etwa 10 Minuten garen. Den Blumenkohl dazugeben, alles
mit je ½ Teelöffel Kreuzkümmel und Kurkuma,
1 Prise Chilipulver, Salz und frisch gemahlenem
schwarzem Pfeffer würzen und weitere 5 Minuten garen. 150 g Bockshornkleesprossen (etwa
45 g Trockengewicht) in einem Sieb kalt abspülen und abtropfen lassen, unter das Curry mischen und 5 Minuten mitgaren. Die Flüssigkeit
gegebenenfalls etwas einkochen lassen und das
Curry mit 1 Eßlöffel Schnittlauchröllchen bestreut servieren.

Auberginengemüse mit gemischten Sprossen
Bild Seite 30

Dieses Gemüse schmeckt lauwarm oder abgekühlt auch als Vorspeise oder kleine Zwischen-
mahlzeit.

Zutaten für 4 Personen:
2 kleine Auberginen (etwa 600 g) · Salz ·
800 g vollreife Tomaten · 1 Zwiebel · 2 Knob-
lauchzehen · etwa 6 Eßl. Olivenöl · schwarzer
Pfeffer, frisch gemahlen · 1 Prise Cayenne-

pfeffer · 1 Messerspitze flüssiger Honig ·
200 g gemischte Sprossen (Mungobohnen, Linsen
und Roggen; etwa 60 g Trockengewicht) · 1 Bund
Basilikum oder Petersilie
Pro Portion etwa 1035 kJ/250 kcal
7 g Eiweiß · 14 g Fett · 24 g Kohlenhydrate
11 g Ballaststoffe

● Vorbereitungszeit: etwa 20 Minuten
● Garzeit: etwa 30 Minuten

So wird's gemacht: Die Auberginen heiß abwaschen, abtrocknen und mit der Schale in Würfel
von etwa 2 cm Kantenlänge schneiden; dabei
die Stielansätze entfernen. Die Auberginenwürfel mit Salz bestreuen und etwa 10 Minuten ziehen lassen. ● Inzwischen die Tomaten mit kochendheißem Wasser überbrühen, kurz darin
ziehen lassen, kalt abschrecken und häuten. Die
Tomaten ebenfalls in Würfel schneiden und dabei die Stielansätze entfernen. Die Zwiebel und
die Knoblauchzehen schälen und sehr fein hakken. ● Die Auberginenwürfel mit einem Tuch
trockentupfen. ● Die Auberginen dann nachein-
ander jeweils in etwas Olivenöl in einem großen
Topf unter Rühren rundherum braun anbraten.
Die gebratenen Auberginen jeweils herausnehmen und auf einem Teller beiseite stellen. ●
Wenn alle Auberginen angebraten sind, das
restliche Öl erhitzen und die Zwiebel und den
Knoblauch darin glasig dünsten. Die Auberginenwürfel und die Tomaten dazugeben, alles
mit Salz, Pfeffer, dem Cayennepfeffer und dem
Honig würzen und zugedeckt bei schwacher
Hitze etwa 15 Minuten garen. ● Inzwischen die
Sprossen in einem Sieb unter fließendem kaltem
Wasser abspülen und abtropfen lassen. Das Basilikum oder die Petersilie waschen, trockenschwenken und ohne die groben Stiele in feine
Streifen schneiden beziehungsweise feinhakken. ● Die Sprossen und die Kräuter (½ Eßlöffel
zurückbehalten) unter das Auberginengemüse
mischen und alles zusammen weitere 5 Minuten

garen. ● Das Auberginengemüse noch einmal
mit Salz und Pfeffer abschmecken und mit den
restlichen Kräutern bestreut servieren.

Das paßt dazu: körnig gekochter Naturreis oder
Kartoffeln

Vollkorn-Semmelknödel mit Sprossen in Sahne

Zutaten für 4 Personen:
8 altbackene Vollkornbrötchen (vom Vortag) ·
⅜ l Milch · 1 kleine Zwiebel · 1 Bund Petersilie ·
3 Eier · Salz · 400 g gemischte Sprossen (zum
Beispiel Buchweizen, Linsen, Bockshornklee und
Roggen; etwa 130 g Trockengewicht) ·
1 Knoblauchzehe · 1 Schalotte oder kleine
Zwiebel · 2 Eßl. Butter · 1 Becher Sahne
(200 g) · weißer Pfeffer, frisch gemahlen ·
1 Teel. Zitronensaft · 1 Bund Schnittlauch
Pro Portion etwa 3130 kJ/750 kcal
26 g Eiweiß · 33 g Fett · 83 g Kohlenhydrate
12 g Ballaststoffe

● Vorbereitungszeit: etwa 30 Minuten
● Garzeit: etwa 20 Minuten

So wird's gemacht: Die Brötchen in dünne
Scheiben schneiden und in eine Schüssel geben.
Die Milch bis kurz vor den Siedepunkt erhitzen
und darübergießen. Die Brötchen mit einem
Deckel beschweren und etwa 15 Minuten
durchziehen lassen. ● Inzwischen die Zwiebel
schälen und sehr fein hacken. Die Petersilie waschen, trockenschwenken und ohne die groben
Stiele feinhacken. ● Die eingeweichten Brötchen
mit der Zwiebel, der Petersilie, den Eiern und
Salz verkneten, bis ein geschmeidiger Teig ent-
steht. Aus dem Teig mit angefeuchteten Händen
8 gleich große Knödel formen. ● Reichlich Wasser mit Salz zum Kochen bringen und die Knö-

del darin im offenen Topf bei mittlerer Hitze etwa 15 Minuten ziehen lassen. • Inzwischen die Sprossen in einem Sieb unter fließendem kaltem Wasser abspülen und gründlich abtropfen lassen. Den Knoblauch und die Schalotte schälen und feinhacken. • Die Butter in einem Topf zerlaufen lassen, aber nicht bräunen. Den Knoblauch und die Schalotte darin unter Rühren glasig dünsten. Die Sprossen hinzufügen und kurz mitdünsten. • Die Sahne angießen, das Sprossengemüse mit Salz, Pfeffer und dem Zitronensaft abschmecken und ohne Deckel bei mittlerer Hitze in etwa 5 Minuten garen, bis die Sauce etwas dicker geworden ist. • Den Schnittlauch waschen, trockenschwenken und in feine Röllchen schneiden. Die Knödel mit einem Schaumlöffel aus dem Wasser heben und abtropfen lassen. Das Sprossengemüse mit dem Schnittlauch bestreuen und zu den Knödeln servieren.

Linsensprossen mit Sauerkraut

Zutaten für 2 Personen:
125 g Linsensprossen (etwa 35 g Trockengewicht) · 1 kleine Zwiebel · 1 Knoblauchzehe · 1 Eßl. Sonnenblumenöl · 250 g Sauerkraut · 1 Lorbeerblatt · 1 Becher saure Sahne (175 g) · Salz · schwarzer Pfeffer, frisch gemahlen · etwa ¼ Teel. scharfes Paprikapulver
Pro Portion etwa 1710 kJ/410 kcal
8 g Eiweiß · 32 g Fett · 20 g Kohlenhydrate
4 g Ballaststoffe

● Vorbereitungszeit: etwa 10 Minuten
● Garzeit: etwa 20 Minuten

So wird's gemacht: Die Linsensprossen in einem Sieb unter fließendem kaltem Wasser abspülen und gründlich abtropfen lassen. Die

Zwiebel und die Knoblauchzehe schälen und sehr fein hacken. • Das Sonnenblumenöl in einem Topf erhitzen. Die Zwiebel und den Knoblauch darin unter Rühren glasig dünsten. Die Linsensprossen und das Sauerkraut hinzufügen, mit einer Gabel etwas auflockern und kurz andünsten. • Das Lorbeerblatt und etwa 2 Eßlöffel lauwarmes Wasser dazugeben und alles zugedeckt bei schwacher Hitze etwa 15 Minuten garen; dabei eventuell noch etwas Wasser untermischen. Das Sauerkraut soll noch bißfest sein. • Das Lorbeerblatt entfernen und die saure Sahne unter das Sauerkrautgemüse mischen. Alles mit Salz, Pfeffer und dem Paprikapulver abschmecken und sofort servieren.

Das paßt dazu: Salzkartoffeln oder Weizenkeimbrötchen

Gemüse mit Mungobohnen in Kokosmilch

Zutaten für 2 Personen:
150 g Kokosflocken · ¼ l Milch · 1 kleine Zwiebel · 1 Knoblauchzehe · 100 g junge Möhren · 1 Stange Bleichsellerie (etwa 100 g) · 1 Zucchino (etwa 100 g) · 100 g Champignons · ½ Eßl. Zitronensaft · 100 g Mungobohnensprossen (etwa 35 g Trockengewicht) · ½ frische rote Pfefferschote · 1–2 Eßl. Sonnenblumenöl · 1 Eßl. trockener Sherry · Salz · weißer Pfeffer, frisch gemahlen · 1 Eßl. Petersilie, frisch gehackt
Pro Portion etwa 2990 kJ/710 kcal
16 g Eiweiß · 60 g Fett · 29 g Kohlenhydrate
24 g Ballaststoffe

● Vorbereitungszeit: etwa 40 Minuten
● Garzeit: etwa 10 Minuten

So wird's gemacht: Von den Kokosflocken etwa 1 Eßlöffel abnehmen und beiseite stellen. Die restlichen Kokosflocken mit der Milch einmal aufkochen, dann zugedeckt ziehen lassen. • Die Zwiebel und die Knoblauchzehe schälen und feinhacken. Die Möhren gründlich waschen, gegebenenfalls dünn schälen und in dünne Stifte

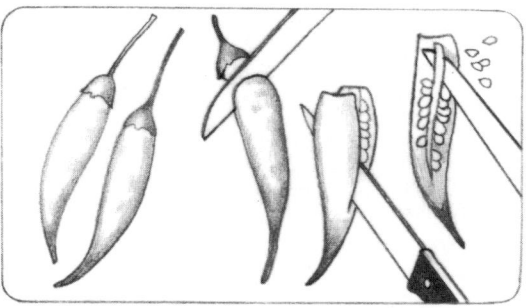

Die gewaschenen und geputzten Pfefferschoten werden längs halbiert, damit man die brennendscharfen Kerne leicht entfernen kann.

schneiden. Den Bleichsellerie waschen, putzen und die harten Fasern abziehen. Den Sellerie in dünne Streifen schneiden. Den Zucchino waschen, von Blüten- und Stielansatz befreien und ebenfalls in Stifte schneiden. Die Champignons putzen, gegebenenfalls ganz kurz kalt abspülen, und blättrig schneiden. Die Pilze sofort mit dem Zitronensaft beträufeln, damit sie sich nicht braun verfärben. Die Mungobohnensprossen in einem Sieb unter fließendem kaltem Wasser abspülen und gründlich abtropfen lassen. Die Pfefferschote waschen, halbieren und die Trennwände und die scharfen Kerne entfernen. • Die Kokosflocken mit der Milch durch ein Küchentuch gießen. Die Kokosflocken gründlich ausdrücken, dann wegwerfen. Die Kokosmilch beiseite stellen. • Die Hälfte des Sonnenblumenöls erhitzen und die Zwiebel und den Knoblauch darin glasig dünsten. Das restliche Öl dazugießen, die Möhren und den Sellerie in die Pfanne geben und unter Rühren etwa 1 Minute andünsten. Die Zucchinistifte und die Champignons

ebenfalls hinzufügen und bei starker Hitze so lange braten, bis die Flüssigkeit, die sich dabei bildet, wieder verdampft ist. Die Mungobohnensprossen und die Pfefferschote dazugeben, die Kokosmilch und den Sherry angießen und das Gemüse zugedeckt bei schwacher Hitze in etwa 4 Minuten garen, bis es bißfest ist. • Das Gemüse mit Salz und Pfeffer abschmecken, die Pfefferschote herausnehmen und das Gemüse mit der Petersilie und den restlichen Kokosflocken bestreut servieren.

Das paßt dazu: körnig gekochter Naturreis oder gegarte und in Butter gebratene Soja-Bandnudeln

Variante: Gemüse mit Linsensprossen und Tofu
150 g Tofu abtropfen lassen und in kleine Würfel schneiden. Mit 1 geschälten und zerdrückten Knoblauchzehe, 1 Eßlöffel Zitronensaft und 1–2 Eßlöffeln Sojasauce mischen und zugedeckt etwas durchziehen lassen. Je 100 g Fenchel, Wirsing, Broccoli und Möhren putzen, waschen und in mundgerechte Stücke schneiden. 100 g Linsensprossen (etwa 25 g Trockengewicht) in einem Sieb kalt abspülen und abtropfen lassen. 1 Zwiebel, 1 Knoblauchzehe und 1 Stück frischen Ingwer von etwa 1 cm Länge schälen, sehr fein hacken und in 1 Eßlöffel Sonnenblumenöl glasig dünsten. Das Gemüse dazugeben und unter Rühren etwa 5 Minuten mitdünsten. Die Linsensprossen untermischen, 1/8 l Sojamilch dazugießen, das Gemüse mit Salz, frisch gemahlenem weißem Pfeffer und 1 kräftigen Prise Cayennepfeffer abschmecken und zugedeckt bei schwacher Hitze weitere 5 Minuten garen, bis es bißfest ist. Inzwischen den Tofu abtropfen lassen. Die Marinade unter das Gemüse mischen, den Tofu darauf verteilen und alles ohne Umrühren so lange garen, bis der Tofu heiß ist.

Sojanudeln mit Alfalfa in Sahnesauce

Zutaten für 2 Personen:
200 g Soja-Bandnudeln · Salz · 100 g Alfalfa-
sprossen (etwa 20 g Trockengewicht) ·
½ Eßl. Butter · ½ Eßl. Sonnenblumenöl ·
½ Becher Sahne (100 g) · 1–2 Teel. Zitronen-
saft · weißer Pfeffer, frisch gemahlen ·
1 Teel. Petersilie, frisch gehackt
Pro Portion etwa 2565 kJ/610 kcal
19 g Eiweiß · 27 g Fett · 72 g Kohlenhydrate
11 g Ballaststoffe

● Zubereitungszeit: etwa 20 Minuten

So wird's gemacht: Die Bandnudeln in reichlich
sprudelnd kochendem Salzwasser bißfest garen. • Inzwischen die Alfalfasprossen in einem
Sieb unter fließendem kaltem Wasser abspülen,
gründlich abtropfen lassen und grobhacken. •
Die Butter und das Sonnenblumenöl in einem
Topf zerlassen. Die Sprossen dazugeben und
unter Rühren bei mittlerer Hitze etwa 2 Minuten dünsten. Die Sahne und den Zitronensaft
angießen, das Sprossengemüse mit Salz und
Pfeffer abschmecken und weitere 2 Minuten
garen, bis die Sauce cremig und etwas einge-
kocht ist. • Die Bandnudeln abgießen, abtropfen lassen und sofort mit der Sprossensauce vermischen. • Die Nudeln auf vorgewärmten Tellern mit der Petersilie bestreut servieren.

Das paßt dazu: gemischter Salat

**Variante: Vollkornspaghetti mit scharfer Toma-
ten-Sprossen-Sauce**
400 g vollreife Tomaten mit kochendheißem
Wasser überbrühen, kurz darin ziehen lassen,
kalt abschrecken, häuten und würfeln, dabei die
Stielansätze entfernen. 1 Schalotte und 1 Knoblauchzehe schälen, feinhacken und in 1 Eßlöffel
Olivenöl glasig dünsten. Die Tomatenwürfel
hinzufügen und kurz mitschmoren. ½ rote Pfefferschote von den brennendscharfen Kernen befreien, waschen und mit 2 Eßlöffeln trockenem
Rotwein zu den Tomaten geben. Die Sauce mit
Salz, frisch gemahlenem schwarzem Pfeffer und
1 Messerspitze Honig abschmecken und bei
schwacher Hitze zugedeckt etwa 15 Minuten
schmoren lassen. Inzwischen 75 g Mungobohnensprossen (etwa 20 g Trockengewicht) in einem Sieb kalt abspülen und abtropfen lassen.
200 g Vollkornspaghetti in reichlich sprudelnd
kochendem Salzwasser bißfest garen. Die Mungobohnensprossen zu den Tomaten geben und
die Sauce weitere 5 Minuten garen. Dann die
Pfefferschote entfernen und die Sauce eventuell
noch einmal mit Salz abschmecken. Die Vollkornspaghetti abgießen, abtropfen lassen und
sofort mit der Tomatensauce vermischen. Die
Nudeln eventuell mit geriebenem Parmesankäse
servieren.

> **Mein Tip** Wenn Ihnen Pfefferschoten
> zu scharf sind, lassen Sie sie einfach weg
> und ersetzen sie durch 1 Prise Cayenne-
> pfeffer.

**Variante: Weizenkeimnudeln mit Sprossen-
Gorgonzola-Sauce**
200 g Weizenkeim-Hörnchennudeln in reichlich
sprudelnd kochendem Salzwasser bißfest garen.
Inzwischen 75 g Leinsamensprossen (etwa 30 g
Trockengewicht) in einem Sieb kalt abspülen,
abtropfen lassen und grobhacken. 1 Knoblauchzehe schälen und sehr fein hacken. 75 g Gorgonzolakäse mit einer Gabel fein zerdrücken.
½ Eßlöffel Sonnenblumenöl erhitzen und den
Knoblauch darin glasig dünsten. Die Leinsamensprossen und den Gorgonzola sowie ½ Becher Sahne (100 g) hinzufügen und die Sauce
unter Rühren bei mittlerer Hitze so lange kö-

cheln, bis der Käse zerlaufen ist. Die Sauce mit Salz und frisch gemahlenem schwarzem Pfeffer abschmecken und mit ½ Eßlöffel frisch gehackter Petersilie oder 1 Teelöffel gehacktem Estragon mischen. Die Nudeln abgießen, abtropfen lassen und sofort mit der Sauce vermischen.

Wirsingrouladen mit Hafersprossen

Zutaten für 4 Personen:
1 kleiner Kopf Wirsing (etwa 750 g) · Salz ·
200 g vollreife Tomaten · 1 Knoblauchzehe ·
1 Bund Petersilie · 150 g Hafersprossen (etwa
60 g Trockengewicht) · 100 g milder Schafkäse ·
2 kleine Eier · schwarzer Pfeffer, frisch
gemahlen · 1 Eßl. Sonnenblumenöl · ⅛ l Gemü-
sebrühe (siehe Tip Seite 26) · 1 Becher Crème
fraîche (200 g) · Saft von ½ Zitrone
Pro Portion etwa 1825 kJ/430 kcal
18 g Eiweiß · 33 g Fett · 18 g Kohlenhydrate
10 g Ballaststoffe

● Vorbereitungszeit: etwa 40 Minuten
● Garzeit: etwa 30 Minuten

So wird's gemacht: Den Wirsing von den äußeren welken Blättern befreien und waschen. Den harten Strunk mit einem spitzen Messer keilförmig herausschneiden. • Reichlich Salzwasser zum Kochen bringen und den Wirsing darin etwa 5 Minuten sprudelnd kochen lassen, bis sich die äußeren Blätter leicht ablösen und aufrollen lassen. Den Wirsing etwas abkühlen lassen, dann 8 Blätter ablösen, kalt abschrecken und auf der Arbeitsfläche ausbreiten. Den restlichen Wirsing feinhacken. • Für die Füllung die Tomaten mit kochendheißem Wasser überbrühen, kurz darin ziehen lassen, kalt abschrecken und häuten. Die Tomaten feinwürfeln, dabei die Stielansätze und die Kerne entfernen. Die

Knoblauchzehe schälen und durch die Knoblauchpresse drücken. Die Petersilie waschen, trockenschwenken und ohne die groben Stiele feinhacken. Die Hafersprossen in einem Sieb unter fließendem kaltem Wasser abspülen und gründlich abtropfen lassen. Den Schafkäse mit einer Gabel fein zerdrücken und mit den Eiern, den Tomaten, dem Knoblauch, der Hälfte der Petersilie und den Hafersprossen mischen; mit Salz und Pfeffer abschmecken. • Die Masse auf den Wirsingblättern verteilen. Die Blätter an den Längsseiten etwas einschlagen, damit die Füllung nicht austreten kann, zu Rouladen aufrollen und mit Küchengarn umwickeln. • Das Sonnenblumenöl in einem ausreichend großen Topf erhitzen. Die Rouladen darin von allen Seiten anbraten, dann die Gemüsebrühe angießen und zum Kochen bringen. Den gehackten Wirsing untermischen und die Rouladen zugedeckt bei schwacher Hitze etwa 30 Minuten schmoren lassen. • Die Rouladen vorsichtig aus dem Topf heben und zugedeckt warm halten. • Die Crème fraîche und den Zitronensaft unter die Schmorflüssigkeit mischen und die Sauce bei starker Hitze unter Rühren cremig einkochen lassen. Die Sauce mit Salz und Pfeffer abschmecken, mit der restlichen Petersilie vermischen und getrennt zu den Rouladen servieren.

Das paßt dazu: Salzkartoffeln oder Naturreis

Mein Tip Sie können die Rouladen auch mit Weiß- oder Rotkraut zubereiten, das Sie wie den Wirsing in kochendem Salzwasser vorgaren müssen. Die Hafersprossen können Sie durch Weizen-, Roggen- oder Gerstensprossen ersetzen.

Ravioli mit Bockshorn- klee und Alfalfa

Zutaten für 4 Personen:
300 g Weizenmehl Type 1050 · 3 Eier ·
1 Eßl. Sonnenblumenöl · Salz ·
200 g Frischkäse · 2 Eßl. Crème fraîche ·
1 Knoblauchzehe · 100 g Bockshornkleesprossen
(etwa 30 g Trockengewicht) · 100 g Alfalfa-
sprossen (etwa 20 g Trockengewicht) · weißer
Pfeffer, frisch gemahlen · 1 Prise Cayenne-
pfeffer · 750 g vollreife Tomaten · 1 Zwiebel ·
1 Knoblauchzehe · 1 Eßl. Olivenöl · 1 Messer-
spitze flüssiger Honig · 1 Bund Basilikum oder
½ Teel. getrockneter Oregano
Pro Portion etwa 1970 kJ/470 kcal
20 g Eiweiß · 13 g Fett · 62 g Kohlenhydrate
13 g Ballaststoffe

* Vorbereitungszeit einschließlich Ruhezeit: etwa 1 Stunde und 40 Minuten
* Garzeit: etwa 30 Minuten

<u>So wird's gemacht:</u> Für den Nudelteig das Mehl mit den Eiern, dem Sonnenblumenöl und 1 Prise Salz zu einem geschmeidigen Teig verkneten; er darf weder an den Fingern kleben noch zu trocken oder gar bröselig sein. Bei Bedarf noch etwas Mehl oder einige Tropfen kaltes Wasser unter den Teig mischen. Den Teig in Folie wickeln und etwa 1 Stunde ruhen lassen. • Inzwi-

schen den Frischkäse mit der Crème fraîche glattrühren. Die Knoblauchzehe schälen und durch die Knoblauchpresse dazudrücken. Die Bockshornklee- und die Alfalfasprossen in einem Sieb unter fließendem kaltem Wasser abspülen und sehr gründlich abtropfen lassen. Die Sprossen grob zerkleinern, unter die Frischkäsecreme mischen und alles mit Salz, Pfeffer und dem Cayennepfeffer pikant würzen. Die Creme zugedeckt beiseite stellen. • Für die Sauce die Tomaten mit kochendheißem Wasser überbrühen, kurz darin ziehen lassen, kalt abschrecken und häuten. Die Tomaten in kleine Würfel schneiden, dabei die Stielansätze entfernen. Die Zwiebel und die Knoblauchzehe schälen und sehr fein hacken. • Den Teig in zwei Portionen teilen und auf einer bemehlten Arbeitsfläche oder mit der Nudelmaschine zu dünnen, rechteckigen Platten ausrollen. Eine der Teigplatten in Abständen von etwa 5 cm mit je 1 Teelöffel der Sprossenfüllung belegen. Die Teigplatte zwischen den Häufchen mit kaltem Wasser bepinseln. Mit der zweiten Teigplatte bedecken, zwischen den Füllungen gut mit der anderen Teigplatte zusammendrücken und anschließend mit einem Teigrädchen zu Ravioli ausradeln. • Für die Tomatensauce das Olivenöl erhitzen und die Zwiebel und den Knoblauch darin glasig dünsten. Die Tomatenwürfel dazugeben, mit Salz, Pfeffer und dem Honig abschmecken und die Sauce zugedeckt bei schwacher Hitze etwa 30 Minuten köcheln lassen. • Für die Ravioli

> **Mein Tip** Wenn Sie den Teig aus Weizenvollkornmehl zubereiten möchten, sollten Sie ihn auf jeden Fall mit der Nudelmaschine zu Platten formen, da der Teig sehr schnell trocken wird und sich mit der Teigrolle nicht wirklich dünn ausrollen läßt.

Für die Mürbeteigtorte wird der Teig mit kühlen Hän- ▷ den verknetet, gleich in der Form verteilt und kühl gestellt. Die Sprossen-Pilzmischung einfüllen, mit der Eiermasse übergießen und die Torte backen. Rezept Seite 44.

reichlich Salzwasser zum Kochen bringen. Die Ravioli in das sprudelnd kochende Wasser geben und 3-5 Minuten kochen lassen. • Inzwischen das Basilikum waschen, trockenschwenken und ohne die groben Stiele in feine Streifen schneiden. Das Basilikum oder den Oregano unter die Tomatensauce mischen. • Die Ravioli mit einem Schaumlöffel aus dem Wasser heben, ganz kurz kalt abschrecken, abtropfen lassen und auf vorgewärmte Teller verteilen. Die Tomatensauce darübergeben.

Das paßt dazu: frisch geriebener Parmesankäse und gemischter Salat

Gefüllte Paprikaschoten mit Sprossen und Tofu

Zutaten für 4 Personen:
150 g Tofu · 1 Knoblauchzehe · 1 Eßl. Soja-sauce · 150 g Egerlinge · 1 Eßl. Zitronensaft · 1 Bund Frühlingszwiebeln · 200 g gemischte Sprossen (Leinsamen, Senf, Sesam, Roggen und Alfalfa; etwa 65 g Trockengewicht) · 800 g vollreife Tomaten · Salz · weißer Pfeffer, frisch gemahlen · 4 große rote Paprikaschoten (etwa 1 kg) · ⅛ l Gemüsebrühe (siehe Tip Seite 26) · 1 Messerspitze flüssiger Honig · 1 Prise Cayennepfeffer · 1 Bund Petersilie
Pro Portion etwa 625 kJ/150 kcal
10 g Eiweiß · 3 g Fett · 21 g Kohlenhydrate
8 g Ballaststoffe

● Vorbereitungszeit: etwa 50 Minuten
● Garzeit: etwa 40 Minuten

◁ Pflänzchen aus Sprossen – wie hier aus Buchweizenkeimlingen und Tofu – sind eine vollwertige Beilage zu Gemüse. Rezept Seite 50.

So wird's gemacht: Den Tofu abtropfen lassen und in kleine Würfel schneiden. Die Knoblauchzehe schälen, durch die Knoblauchpresse drücken und mit der Sojasauce unter die Tofuwürfel mischen. Den Tofu zugedeckt beiseite stellen. • Die Egerlinge putzen, gegebenenfalls ganz kurz unter fließendem kaltem Wasser waschen, in kleine Stücke schneiden und mit dem Zitronensaft beträufeln. Die Frühlingszwiebeln putzen, gründlich waschen und in feine Ringe schneiden. Die Sprossen in einem Sieb unter fließendem kaltem Wasser abspülen und gründlich abtropfen lassen. Die Tomaten mit kochendheißem Wasser überbrühen, kurz darin ziehen lassen, kalt abschrecken und häuten. Die Tomaten würfeln, dabei die Stielansätze entfernen. • Etwa 1 Eßlöffel der Tomatenwürfel mit dem Tofu, den Pilzen, den Frühlingszwiebeln und den Sprossen vermischen und mit Salz und Pfeffer abschmecken. • Die Paprikaschoten gründlich waschen und abtrocknen. Von jeder Schote einen Deckel abschneiden und die Schoten von den Kernen und den Trennwänden befreien. Die Schoten innen salzen und mit der Sprossenmischung füllen. Die Deckel wieder aufsetzen. • Die restlichen Tomatenwürfel mit der Gemüsebrühe in einen Topf geben, der so groß sein muß, daß die Schoten darin nebeneinander Platz haben. Die Sauce mit Salz, Pfeffer, dem Honig und dem Cayennepfeffer würzen und einmal aufkochen. Die Schoten hineinsetzen und zugedeckt bei schwacher Hitze etwa 40 Minuten schmoren. • Die Petersilie waschen, trockenschwenken und ohne die groben Stiele feinhacken. • Die gegarten Paprikaschoten vorsichtig aus der Sauce heben und auf einer Platte warm halten. • Die Sauce noch einmal mit Salz und Pfeffer abschmecken und bei starker Hitze unter Rühren etwas einkochen lassen. Die Schoten mit der Tomatensauce umgießen und mit der Petersilie bestreut servieren.

Das paßt dazu: Naturreis oder Salzkartoffeln

Nudelauflauf mit Wirsing und Linsensprossen

Zutaten für 4 Personen:
150 g Weizenkeim-Bandnudeln · Salz · ½ kleiner Kopf Wirsing (etwa 300 g) · 150 g Linsensprossen (etwa 40 g Trockengewicht) · 150 g Tomaten · 1 Teel. getrockneter Oregano · schwarzer Pfeffer, frisch gemahlen · 4 Eier · 1 Becher Sahne (200 g) · 75 g mittelalter Goudakäse, frisch gerieben
Für die Form und zum Belegen: ½ Eßl. Butter
Pro Portion etwa 2125 kJ/510 kcal
23 g Eiweiß · 30 g Fett · 35 g Kohlenhydrate
9 g Ballaststoffe

- Vorbereitungszeit: etwa 25 Minuten
- Backzeit: etwa 35 Minuten

<u>So wird's gemacht:</u> Die Nudeln in reichlich sprudelnd kochendem Salzwasser in etwa 6 Minuten bißfest garen, dann kalt abschrecken und abtropfen lassen. • Den Backofen auf 220° vorheizen. • Den Wirsing von welken Blättern befreien, waschen und in dünne Streifen schneiden. Die Linsensprossen in einem Sieb unter fließendem kaltem Wasser abspülen und gründ-

Die Haut von Tomaten läßt sich ganz leicht abziehen, wenn man die Früchte vorher mit kochendheißem Wasser überbrüht. Den Stielansatz erst nach dem Häuten entfernen.

lich abtropfen lassen. Die Tomaten mit kochendheißem Wasser überbrühen, kurz darin ziehen lassen, kalt abschrecken und häuten. Die Tomaten in Würfel schneiden, dabei die Stielansätze entfernen. • Die Nudeln mit dem Wirsing, den Linsensprossen und den Tomaten mischen und mit dem Oregano, Salz und Pfeffer würzen. • Eine feuerfeste Form mit etwas Butter ausstreichen. • Die Eier trennen. Die Eigelbe mit der Sahne und dem Käse verquirlen und unter die Nudelmasse mischen. Die Eiweiße mit 1 Prise Salz zu steifem Schnee schlagen und vorsichtig unterheben. • Die Masse in die vorbereitete Form füllen, mit der restlichen Butter in Flöckchen belegen und im heißen Ofen auf der unteren Schiene etwa 35 Minuten backen, bis die Oberfläche schön gebräunt ist.

<u>Das paßt dazu:</u> Tomatensauce oder gemischter Salat

Variante: Nudelauflauf mit Pilzen und Leinsamensprossen
150 g Soja-Hörnchennudeln in reichlich sprudelnd kochendem Salzwasser bißfest garen, kalt abschrecken und abtropfen lassen. 400 g Egerlinge putzen, gegebenenfalls kurz waschen, und blättrig schneiden. 1 große Zwiebel und 2 Knoblauchzehen schälen, sehr fein hacken und in 1 Eßlöffel Butter glasig dünsten. Die Pilze dazugeben und so lange mitdünsten, bis die Flüssigkeit, die sich dabei bildet, wieder verdampft ist. Die Pilze mit Salz, frisch gemahlenem weißem Pfeffer, 1 Prise Cayennepfeffer und 1–2 Teelöffeln frischem Thymian würzen. 150 g Leinsamensprossen (etwa 60 g Trockengewicht) in einem Sieb kalt abspülen, abtropfen lassen und mit den Nudeln unter die Pilze mischen. 4 Eigelbe mit 1 Becher Sahne (200 g) und 75 g frisch geriebenem Emmentaler Käse verquirlen und unter die Nudelmasse mischen. 4 Eiweiße mit 1 Prise Salz steif schlagen und vorsichtig unterheben. Die Masse in eine feuerfeste, gefettete

Form füllen und mit 75 g kleingewürfeltem Mozzarellakäse belegen. Den Auflauf im vorgeheizten Backofen bei 220° auf der unteren Schiene etwa 30 Minuten backen, bis der Käse zerlaufen und schön gebräunt ist.

Lasagne mit Pilzen und gemischten Sprossen

Zutaten für 6 Personen:
150 g Weizenvollkornmehl · Salz · 1 Ei ·
1 Eßl. Sonnenblumenöl · 1–2 Eßlöffel eiskaltes
Wasser · 300 g Champignons oder Egerlinge ·
1 Eßl. Zitronensaft · 1 Bund Frühlingszwiebeln ·
1 Knoblauchzehe · 250 g gemischte Sprossen
(Leinsamen, Hafer, Sesam, Rettich und Linsen;
etwa 80 g Trockengewicht) · 3 Fleischtomaten
(etwa 400 g) · einige Zweige frischer Thymian ·
einige Rosmarinnadeln · einige Salbeiblätter
(ersatzweise je ½ Teel. getrocknete Kräuter) · wei-
ßer Pfeffer, frisch gemahlen · geriebene Muskat-
nuß · Cayennepfeffer · 30 g Butter · 50 g Weizen-
vollkornmehl · gut ½ l Milch · 1 Becher Sahne
(200 g) · 100 g Parmesankäse, frisch gerieben ·
150 g Mozzarellakäse
Für die Arbeitsfläche: etwas Weizenmehl
Für die Form: 1 Teel. Sonnenblumenöl
Pro Portion etwa 2140 kJ/515 kcal
25 g Eiweiß · 30 g Fett · 36 g Kohlenhydrate
10 g Ballaststoffe

- Vorbereitungszeit einschließlich Ruhezeit: etwa 1 Stunde und 40 Minuten
- Backzeit: etwa 45 Minuten

So wird's gemacht: Für den Nudelteig das Mehl mit 1 Prise Salz, dem Ei, dem Sonnenblumenöl und 1 Eßlöffel Wasser zu einem geschmeidigen Teig verkneten. Der Teig darf nicht an den Händen kleben, aber auch nicht zu trocken sein. Bei Bedarf noch etwas Mehl beziehungsweise etwas

Wasser unterkneten. Den Teig in Folie wickeln und etwa 30 Minuten ruhen lassen. • Inzwischen für die Füllung die Pilze putzen, gegebenenfalls ganz kurz kalt abwaschen, und in sehr dünne Scheiben hobeln. Die Pilze sofort mit dem Zitronensaft mischen, damit sie sich nicht braun verfärben. Die Frühlingszwiebeln putzen, gründlich waschen und in hauchdünne Ringe schneiden. Die Knoblauchzehe schälen und sehr fein hacken. Die Sprossen in einem Sieb unter fließendem kaltem Wasser abspülen und gründlich abtropfen lassen. Die Tomaten mit kochendheißem Wasser überbrühen, kurz darin ziehen lassen, kalt abschrecken und häuten. Die Tomaten in Würfel schneiden, dabei die Stielansätze entfernen. Die Kräuter waschen, trockentupfen und fein zerkleinern beziehungsweise von den Stielen streifen. Alle diese Zutaten in einer Schüssel vermischen und mit Salz, Pfeffer, Muskat und Cayennepfeffer pikant abschmekken. • Für die Sauce die Butter in einem Topf zerlaufen, aber nicht bräunen lassen. Das Mehl dazugeben und unter Rühren etwas anschwitzen. Die Milch nach und nach dazugießen; dabei kräftig mit einem Schneebesen rühren, damit sich keine Klümpchen bilden. Die Sauce bei sehr schwacher Hitze etwa 10 Minuten köcheln lassen, dann unter Rühren die Sahne dazugießen und die Hälfte des Parmesans darin auflösen. Die Sauce mit Salz, Pfeffer und Muskat abschmecken. • Den Nudelteig in Portionen teilen und auf wenig Mehl oder in der Nudelmaschine möglichst dünn ausrollen. Die Teigplatten in rechteckige Stücke schneiden. • Den Backofen auf 200° vorheizen. Eine feuerfeste Form mit dem Öl ausstreichen. • Den Mozzarellakäse abtropfen lassen und in dünne Scheiben schneiden. Die Form mit etwas Sauce ausgießen. Abwechselnd die Lasagneblätter und die Füllung in die Form schichten, dabei die Füllung immer mit etwas Sauce übergießen. Die letzte Schicht sollten Lasagneblätter sein. Den restlichen Parmesan und den Mozzarella darauf verteilen. •

Die Lasagne im heißen Ofen auf der mittleren Schiene etwa 45 Minuten backen, bis die Oberfläche schön gebräunt ist.

Das paßt dazu: gemischter Salat mit Kräutern

Gemüsegratin mit Weizensprossen

Zutaten für 4 Personen:
2 Stauden Chicorée (etwa 350 g) · 2 Zucchini
(etwa 400 g) · 250 g Champignons ·
1 Eßl. Zitronensaft · 150 g Weizensprossen (etwa
60 g Trockengewicht) · 50 g gekeimte Sonnenblumenkerne (etwa 25 g Trockengewicht) ·
Salz · schwarzer Pfeffer, frisch gemahlen ·
1 Knoblauchzehe · 1 Becher Sahne (250 g) ·
150 g Mozzarellakäse · 50 g Parmesankäse,
frisch gerieben
Pro Portion etwa 1860 kJ/440 kcal
23 g Eiweiß · 31 g Fett · 20 g Kohlenhydrate
4 g Ballaststoffe

● Vorbereitungszeit: etwa 25 Minuten
● Backzeit: etwa 40 Minuten

So wird's gemacht: Den Backofen auf 200° vorheizen. • Die Chicoréestauden von den äußeren welken Blättern befreien, waschen und längs halbieren. Den harten Strunk keilförmig herausschneiden und den Chicorée in Streifen schneiden. Die Zucchini waschen, abtrocknen, von den Stiel- und Blütenansätzen befreien und in etwa ½ cm dicke Scheiben schneiden. Die Champignons putzen, gegebenenfalls ganz kurz kalt abwaschen und blättrig schneiden. Die Pilze sofort mit dem Zitronensaft beträufeln. Die Weizensprossen und die gekeimten Sonnenblumenkerne in einem Sieb unter fließendem kaltem Wasser abspülen und gründlich abtropfen lassen. • Die Sprossen und das Gemüse lagenweise in eine feuerfeste Form schichten, dabei jede Schicht mit Salz und Pfeffer würzen. • Die Knoblauchzehe schälen, durch die Knoblauchpresse drücken und mit der Sahne vermischen. Die Sahne an den Seiten in die Form gießen. Den Mozzarellakäse abtropfen lassen, in kleine Würfel schneiden und mit dem Parmesan auf dem Gemüse verteilen. • Das Gratin in den heißen Ofen auf die mittlere Schiene stellen und etwa 40 Minuten backen, bis der Käse zerlaufen und schön gebräunt ist.

Das paßt dazu: Salat und Pellkartoffeln

Variante: Kartoffel-Rosenkohlgratin mit Hafer
400 g mehlig kochende Kartoffeln waschen, schälen und in dünne Scheiben hobeln. 350 g Rosenkohl putzen, waschen und ebenfalls in dünne Scheiben schneiden. 200 g Hafersprossen (etwa 80 g Trockengewicht) in einem Sieb kalt abspülen und gründlich abtropfen lassen. Die Kartoffeln, den Rosenkohl und die Sprossen lagenweise in eine feuerfeste Form schichten, dabei jede Lage mit Salz, frisch gemahlenem schwarzem Pfeffer und etwas geriebenem Muskat würzen. 1 Becher Sahne (250 g) seitlich angießen. 150 g Emmentaler Käse feinreiben und darüberstreuen. Das Gratin im vorgeheizten Backofen bei 200° auf der mittleren Schiene etwa 40 Minuten backen, bis der Käse zerlaufen und schön gebräunt ist.

Mürbeteigtorte mit Pilzen und Sprossen
Bild Seite 39

Als komplettes Hauptgericht reicht die Mürbeteigtorte für 4 Personen, wenn Sie jedoch eine Vorspeise und ein Dessert servieren, werden auch 6 Personen davon satt.

Zutaten für 4–6 Personen:
200 g Weizenvollkornmehl · 100 g weiche
Butter · 4 Eier · 4 Eßl. eiskaltes Wasser · Salz ·
100 g Roggensprossen (etwa 40 g Trocken-
gewicht) · 100 g Alfalfasprossen (etwa
20 g Trockengewicht) · 250 g Egerlinge oder
Champignons · 1 Eßl. Zitronensaft · 200 g Em-
mentaler Käse · ½ Bund Petersilie · 1 Becher
Sahne (250 g) · schwarzer Pfeffer, frisch
gemahlen · je 1 Prise Cayennepfeffer und
geriebene Muskatnuß
Bei 6 Personen pro Portion etwa 2510 kJ/
600 kcal
22 g Eiweiß · 42 g Fett · 27 g Kohlenhydrate
5 g Ballaststoffe

● Vorbereitungszeit einschließlich Ruhezeit:
  etwa 1 Stunde und 10 Minuten
● Backzeit: etwa 40 Minuten

So wird's gemacht: Für den Teig das Mehl mit
der in kleine Stückchen geteilten Butter, 1 Ei,
dem Wasser und 1 Prise Salz rasch zu einem
glatten Mürbeteig verkneten. Eine Springform
von 28 cm Durchmesser mit dem Teig ausklei-
den, dabei einen etwa 3 cm hohen Rand hoch-
ziehen. Den Teig mit einer Gabel mehrmals ein-
stechen, dann etwa 1 Stunde kühl stellen. ● Für
die Füllung die Roggen- und die Alfalfasprossen in einem Sieb unter fließendem kaltem Wasser abspülen und gründlich abtropfen lassen.
Die Egerlinge oder die Champignons putzen,
gegebenenfalls ganz kurz kalt abwaschen, und
blättrig schneiden. Die Pilze mit dem Zitronensaft und den Sprossen mischen. Den Emmentaler Käse feinreiben. Die Petersilie waschen,
trockenschwenken und ohne die groben Stiele
feinhacken. ● Die restlichen Eier mit der Sahne
verquirlen. Den Käse und die Petersilie untermischen und die Eiersahne mit Salz, Pfeffer,
dem Cayennepfeffer und dem Muskat abschmecken. ● Den Backofen auf 200° vorheizen. ● Die Pilz-Sprossen-Mischung auf dem

Teig in der Form verteilen und mit der Eiersahne übergießen. ● Die Mürbeteigtorte im heißen
Ofen auf der mittleren Schiene etwa 40 Minuten
backen, bis die Eiersahne fest und schön gebräunt ist. ● Die Torte kurz abkühlen lassen,
dann mit einem Messer vom Rand der Form lösen und mit einer Palette auf eine Platte gleiten
lassen. Die Torte in Stücke schneiden und sofort
servieren.

Das paßt dazu: gemischter Salat

Überbackene Sprossen mit Spinat

Zutaten für 2 Personen:
150 g gemischte Sprossen (zum Beispiel Gerste,
Linsen, Alfalfa und Sesam; etwa 50 g Trocken-
gewicht) · 350 g Blattspinat · 1 Bund Petersilie ·
1 Zwiebel · 1 Eßl. Sonnenblumenöl · Salz ·
weißer Pfeffer, frisch gemahlen · 1 Prise geriebene
Muskatnuß · ½ Eßl. Zitronensaft · 1 Becher
Sahne (200 g) · 150 g Mozzarellakäse
Für die Form: 1 Teel. Butter
Pro Portion etwa 2650 kJ/630 kcal
29 g Eiweiß · 47 g Fett · 23 g Kohlenhydrate
5 g Ballaststoffe

● Vorbereitungszeit: etwa 20 Minuten
● Backzeit: etwa 30 Minuten

So wird's gemacht: Den Backofen auf 220° vorheizen. Eine feuerfeste Form mit der Butter ausstreichen. ● Die Sprossen in einem Sieb unter
fließendem kaltem Wasser abspülen und gründlich abtropfen lassen. Den Spinat von welken
Blättern und den groben Stielen befreien, mehrmals gründlich waschen, abtropfen lassen und
grobhacken. Die Petersilie waschen, trockenschwenken und ohne die groben Stiele feinhakken. Die Zwiebel schälen und ebenfalls feinhak-

ken. • Das Öl in einer Pfanne erhitzen und die Zwiebel darin glasig dünsten. Den Spinat und die Sprossen dazugeben und mitdünsten, bis der Spinat zusammengefallen ist. • Das Gemüse mit der Petersilie mischen und mit Salz, Pfeffer, dem Muskat und dem Zitronensaft abschmekken, dann in die Form füllen. • Die Sahne darübergießen. Den Mozzarella abtropfen lassen, kleinwürfeln und darüberstreuen. • Das Gratin im heißen Ofen auf der unteren Schiene etwa 30 Minuten backen, bis der Käse zerlaufen und schön gebräunt ist.

Das paßt dazu: Pellkartoffeln und Gurkensalat

Pizza mit Tomaten und Alfalfa

Zutaten für 2 Personen:
250 g Weizenvollkornmehl · 20 g frische Hefe ·
1 Messerspitze flüssiger Honig · ⅛ l lauwarmes
Wasser · Salz · 8 Eßl. kaltgepreßtes Olivenöl ·
1 kg vollreife Tomaten · 1 Zwiebel · 2 Knob-
lauchzehen · 3–4 Zweige frischer Thymian ·
200 g Alfalfasprossen (etwa 50 g Trocken-
gewicht) · schwarzer Pfeffer, frisch gemahlen ·
300 g Mozzarellakäse · 40 g Parmesan-
käse, frisch gerieben
Für die Arbeitsfläche: etwas Weizenmehl
Für das Backblech: 1–2 Teel. Olivenöl
Pro Portion etwa 5530 kJ/1280 kcal
67 g Eiweiß · 61 g Fett · 113 g Kohlenhydrate
26 g Ballaststoffe

● Vorbereitungszeit einschließlich Ruhezeit: etwa 55 Minuten
● Backzeit: etwa 25 Minuten

So wird's gemacht: Für den Teig das Mehl in eine Schüssel geben und in die Mitte eine Mulde drücken. Die Hefe zerbröckeln und in der Mul-

de mit wenig Mehl, dem Honig und etwas Wasser zu einem Vorteig verrühren. Den Vorteig mit einem Tuch bedeckt an einem warmen Ort etwa 10 Minuten gehen lassen. • Den Vorteig mit dem restlichen Wasser, 1 Prise Salz, 6 Eßlöffeln Olivenöl und dem Mehl in etwa 5 Minuten zu einem geschmeidigen Teig verkneten. Den Teig wieder in die Schüssel geben und zugedeckt etwa 30 Minuten ruhen lassen, bis er sein Volumen verdoppelt hat. • Inzwischen die Tomaten mit kochendheißem Wasser überbrühen, kurz darin ziehen lassen, kalt abschrecken und häuten. Die Tomaten in kleine Würfel schneiden, dabei die Stielansätze entfernen. Die Zwiebel und die Knoblauchzehen schälen und sehr fein hacken. • 1 Eßlöffel Olivenöl erhitzen und die Zwiebel und den Knoblauch darin glasig dünsten. Die Tomatenwürfel dazugeben und bei mittlerer Hitze so lange zugedeckt schmoren lassen, bis eine dickflüssige Sauce entstanden ist. • Den Thymian waschen, trockentupfen und von den Stielen streifen. Die Alfalfasprossen in einem Sieb unter fließendem kaltem Wasser abspülen und gründlich abtropfen lassen. • Die Tomatensauce mit dem Thymian, Salz und Pfeffer pikant abschmecken. • Den Teig in zwei Portionen teilen und auf wenig Mehl zu zwei Fladen von etwa 20 cm Durchmesser ausrollen; dabei die Ränder etwas dicker formen. Die Fladen auf ein gefettetes Backblech legen. • Den Backofen auf 200° vorheizen. • Die Tomatensauce auf den Fladen verstreichen. Die Alfalfasprossen darüber verteilen. Den Mozzarellakäse abtropfen lassen, in kleine Würfel schneiden und mit dem Parmesan auf den Pizzen verteilen. Das restliche Olivenöl darüberträufeln. • Die Pizzen im heißen Ofen auf der unteren Schiene etwa 25 Minuten backen, bis der Käse zerlaufen und schön gebräunt ist.

Das paßt dazu: ein bunt gemischter Salat

Sprossengemüse mit Tomaten und Salbei

Zutaten für 4 Personen:
250 g vollreife Tomaten · 1 Bund Frühlings-
zwiebeln · 500 g gemischte Sprossen (zum
Beispiel Linsen, Kichererbsen, Mungobohnen,
grüne oder gelbe Erbsen und Alfalfa; etwa
170 g Trockengewicht) · 1–2 Eßl. Sonnen-
blumenöl · 100 ccm Gemüsebrühe (siehe Tip
Seite 26) 6–8 Blätter frischer Salbei oder
½ Teel. getrockneter Salbei · Salz · weißer Pfef-
fer, frisch gemahlen · 1 Prise Cayennepfeffer
Pro Portion etwa 705 kJ/170 kcal
9 g Eiweiß · 6 g Fett · 21 g Kohlenhydrate
12 g Ballaststoffe

● Vorbereitungszeit: etwa 20 Minuten
● Garzeit: etwa 5 Minuten

So wird's gemacht: Die Tomaten mit kochend-heißem Wasser überbrühen, kurz darin ziehen lassen, kalt abschrecken und häuten. Die Tomaten kleinwürfeln, dabei die Stielansätze entfernen. Die Frühlingszwiebeln putzen, gründlich waschen und in dünne Ringe schneiden, dabei einen Teil des zarten Zwiebelgrüns mitverwenden. Die Sprossen in einem Sieb unter fließendem kaltem Wasser abspülen und gründlich abtropfen lassen. • Das Sonnenblumenöl in einem Topf erhitzen. Die Hälfte der Frühlingszwiebeln darin glasig dünsten. Die Sprossen hinzufügen und kurz mitbraten. Die Tomatenwürfel und die Gemüsebrühe dazugeben und das Gemüse zugedeckt bei mittlerer Hitze etwa 5 Minuten garen. • Inzwischen den Salbei waschen, trockentupfen, in feine Streifen schneiden und unter das Sprossengemüse mischen (oder den getrockneten Salbei hinzufügen). • Das Gemüse mit Salz, Pfeffer und dem Cayennepfeffer pikant abschmecken und mit den restlichen Zwiebelringen bestreut servieren.

Paßt gut zu: panierten und gebratenen Tofu-scheiben (siehe Tip)

Mein Tip Da Tofu wenig Eigengeschmack hat, sollten Sie ihn – wenn Sie ihn zu dem Sprossengemüse servieren – vor dem Panieren in 1–2 Eßlöffeln Sojasauce marinieren. Die Sojasauce können Sie dann unter das Sprossengemüse mischen.

Kartoffelpüree mit Erbsensprossen

Zutaten für 2 Personen:
400 g mehlig kochende Kartoffeln · Salz ·
100 g grüne oder gelbe Erbsensprossen (etwa
50 g Trockengewicht) · ⅛ l Milch · 1 kleine
Zwiebel · 1 Eßl. Butter
Pro Portion etwa 1265 kJ/300 kcal
9 g Eiweiß · 9 g Fett · 44 g Kohlenhydrate
6 g Ballaststoffe

● Vorbereitungszeit: etwa 10 Minuten
● Garzeit: etwa 25 Minuten

So wird's gemacht: Die Kartoffeln gründlich waschen, schälen und würfeln. Die Kartoffelwürfel in wenig Salzwasser bei mittlerer Hitze zugedeckt in etwa 20 Minuten weich kochen. • Inzwischen die Erbsensprossen in einem Sieb unter fließendem kaltem Wasser abspülen und gründlich abtropfen lassen. Die Milch erhitzen und die Erbsensprossen darin bei schwacher Hitze etwa 5 Minuten köcheln lassen. • Die Zwiebel schälen, sehr fein hacken und in der erhitzten Butter unter Rühren leicht bräunen. • Die gegarten Kartoffeln mit einem Kartoffel-

stampfer fein zerdrücken und mit der Erbsen-
milch und den Zwiebelwürfeln verrühren, bis eine glatte Masse entstanden ist. • Den Kartoffel-
brei mit Salz abschmecken und sofort servieren.

Paßt gut zu: gedünstetem Gemüse oder Getreidepflänzchen

Roggensprossen mit Zucchini

Zutaten für 2 Personen:
500 g Zucchini · 2 Tomaten (etwa 150 g) ·
1 Zwiebel · 1 Knoblauchzehe · 250 g Roggen-
sprossen (etwa 100 g Trockengewicht) · 1–2 Eßl.
Olivenöl · ½ Becher Sahne (100 g) · Salz · wei-
ßer Pfeffer, frisch gemahlen · 1 Bund Petersilie
Pro Portion etwa 1815 kJ/430 kcal
14 g Eiweiß · 25 g Fett · 38 g Kohlenhydrate
7 g Ballaststoffe

● Vorbereitungszeit: etwa 15 Minuten
● Garzeit: etwa 10 Minuten

So wird's gemacht: Die Zucchini waschen, abtrocknen und in dünne Stifte schneiden; dabei
die Stiel- und Blütenansätze entfernen. Die Tomaten mit kochendheißem Wasser überbrühen,
kurz darin ziehen lassen, kalt abschrecken und
häuten. Die Tomaten würfeln, dabei von den
Stielansätzen befreien. Die Zwiebel und die
Knoblauchzehe schälen und feinhacken. Die
Sprossen in einem Sieb unter fließendem kaltem
Wasser abspülen und gründlich abtropfen lassen. • Das Olivenöl erhitzen und die Zwiebel
und den Knoblauch darin glasig dünsten. Die
Roggensprossen dazugeben und kurz mitdünsten. Die Zucchinistifte ebenfalls hinzufügen
und andünsten. • Die Tomaten und die Sahne
untermischen, alles mit Salz und Pfeffer würzen
und zugedeckt bei schwacher Hitze etwa 4 Mi-

nuten garen, bis die Zucchinistifte bißfest
sind. • Inzwischen die Petersilie waschen, trok-
kenschwenken und ohne die groben Stiele feinhacken. • Das Sprossengemüse mit der Petersilie bestreut servieren.

Paßt gut zu: Vollkorn-Bandnudeln

Zwiebel-Sprossen-Gemüse mit Estragon

Zutaten für 2 Personen:
300 g kleine Zwiebeln · 150 g Linsensprossen
(etwa 40 g Trockengewicht) · 2 Eßl. Sonnen-
blumenöl · 50 ccm Gemüsebrühe (siehe Tip
Seite 26) · 1 Teel. Zitronensaft · Salz · weißer
Pfeffer, frisch gemahlen · 1 Messerspitze flüssiger
Honig · 1 kleiner Zweig frischer Estragon
Pro Portion etwa 850 kJ/200 kcal
7 g Eiweiß · 9 g Fett · 24 g Kohlenhydrate
5 g Ballaststoffe

● Vorbereitungszeit: etwa 10 Minuten
● Garzeit: etwa 10 Minuten

So wird's gemacht: Die Zwiebeln schälen und
halbieren oder ganz lassen (wenn sie sehr klein
sind). Die Linsensprossen in einem Sieb unter
fließendem kaltem Wasser abspülen und gründlich abtropfen lassen. • Das Sonnenblumenöl
erhitzen und die Zwiebeln darin unter Rühren
einige Minuten anbraten. Die Linsensprossen
hinzufügen und kurz mitdünsten, dann die Gemüsebrühe angießen. • Das Gemüse mit dem
Zitronensaft, Salz, Pfeffer und dem Honig abschmecken und zugedeckt bei mittlerer Hitze etwa 5 Minuten schmoren, bis die Zwiebeln
weich, aber noch bißfest sind. • Inzwischen den
Estragon waschen, trockenschwenken, von den
Stielen zupfen und grob zerkleinern. Den Estragon unter das gegarte Zwiebelgemüse mischen.

Linsensprossen mit Äpfeln

Zutaten für 2 Personen:
150 g Linsensprossen (etwa 40 g Trocken-
gewicht) · 1 säuerlicher Apfel (etwa 150 g) ·
½ Eßl. Zitronensaft · 1 große Zwiebel ·
1 Knoblauchzehe · 1 Eßl. Sonnenblumenöl ·
50 ccm trockener Weißwein (ersatzweise
Gemüsebrühe) · ½ Teel. getrockneter Majoran ·
Salz · schwarzer Pfeffer, frisch gemahlen
Pro Portion etwa 590 kJ/140 kcal
5 g Eiweiß · 5 g Fett · 15 g Kohlenhydrate
4 g Ballaststoffe

● Vorbereitungszeit: etwa 15 Minuten
● Garzeit: etwa 10 Minuten

So wird's gemacht: Die Linsensprossen in einem Sieb unter fließendem kaltem Wasser abspülen und gründlich abtropfen lassen. Den Apfel schälen, achteln, vom Kerngehäuse befreien
und in dünne Schnitze schneiden. Die Apfelstücke sofort mit dem Zitronensaft beträufeln,
damit sie sich nicht braun verfärben. Die Zwiebel und den Knoblauch schälen und sehr fein
hacken. ● Das Öl in einer Pfanne erhitzen. Die
Zwiebel und den Knoblauch darin unter Rühren glasig dünsten. Die Apfelstücke dazugeben
und einige Minuten mitdünsten. Die Linsensprossen ebenfalls hinzufügen, den Weißwein
angießen und den Majoran untermischen. Das
Gemüse zugedeckt bei schwacher Hitze etwa
5 Minuten garen, bis die Äpfel weich, aber noch
bißfest sind. ● Die Linsensprossen mit Salz und
frisch gemahlenem Pfeffer pikant abschmecken
und sofort servieren.

Paßt gut zu: Getreide- oder Gemüsepflänzchen,
aber auch zu Bratkartoffeln

Pflänzchen aus Sonnenblumenkeimen

Zutaten für 4 Personen:
300 g gekeimte Sonnenblumenkerne (etwa 150 g
Trockengewicht) · 75 g Kichererbsensprossen
(etwa 35 g Trockengewicht) · 2 Eier · 1 Eßl.
Petersilie, frisch gehackt · 50 g Weizenvollkorn-
mehl · Salz · weißer Pfeffer, frisch gemahlen ·
1–2 Eßl. Sonnenblumenöl
Pro Portion etwa 1640 kJ/390 kcal
20 g Eiweiß · 22 g Fett · 29 g Kohlenhydrate
10 g Ballaststoffe

● Vorbereitungszeit: etwa 20 Minuten
● Garzeit: etwa 15 Minuten

So wird's gemacht: Die gekeimten Sonnenblumenkerne und die Kichererbsensprossen in einem Sieb unter fließendem kaltem Wasser abspülen, gründlich abtropfen lassen und feinhakken. Dann mit den Eiern, der Petersilie und
dem Mehl zu einem Teig verrühren. Den Teig
mit Salz und Pfeffer abschmecken. ● Das Sonnenblumenöl in einer Pfanne erhitzen. Mit zwei
Eßlöffeln kleine Küchlein in die Pfanne geben
und etwas flachdrücken. Die Pflänzchen in zwei
Portionen pro Seite etwa 3 Minuten bei mittlerer Hitze backen.

Paßt gut zu: Gemüse oder Sahnepilzen

Variante: Weizensprossenpflänzchen mit Nüssen
300 g Weizensprossen (etwa 120 g Trockengewicht) in einem Sieb kalt abspülen, gründlich
abtropfen lassen und grobhacken. Dann mit
75 g feingehackten Haselnüssen, 2 Eiern,
50 g Weizenvollkornmehl und 1 Teelöffel frischen Thymianblättchen vermischen und mit
Salz, frisch gemahlenem schwarzem Pfeffer und
1 Prise geriebener Muskatnuß abschmecken.
Den Teig wie oben beschrieben backen.

Variante: Buchweizenpflänzchen mit Tofu
Bild Seite 40
250 g Buchweizensprossen (etwa 100 g Trockengewicht) in einem Sieb kalt abspülen, gründlich
abtropfen lassen und grobhacken. Mit
100 g feinzerdrücktem Tofu, 1 Ei, 50 g Weizenvollkornmehl und 1 Bund feingeschnittenem
Schnittlauch mischen und mit Salz, frisch gemahlenem weißem Pfeffer, 1 Teelöffel Sojasauce und etwas abgeriebener Zitronenschale
abschmecken. Den Teig wie oben beschrieben
mit 2 Eßlöffeln als Pflänzchen in die Pfanne geben und in 1–2 Eßlöffeln Sonnenblumenöl von
beiden Seiten braun backen. Die Pflänzchen
schmecken sehr gut zu gemischtem Sprossensalat (Rezept Seite 16).

Kichererbsensprossen in Sahnesauce

Zutaten für 2 Personen:
1 Bund Frühlingszwiebeln · 250 g Kichererbsen-
sprossen (etwa 125 g Trockengewicht) ·
½ Eßl. Butter · 2 Eßl. Wasser · 1 Messerspitze
gekörnte Gemüsebrühe · ½ Bund frischer
Thymian · 1 Becher Sahne (200 g) · Salz ·
weißer Pfeffer, frisch gemahlen · 1 Prise geriebene
Muskatnuß
Pro Portion etwa 2220 kJ/530 kcal
15 g Eiweiß · 39 g Fett · 31 g Kohlenhydrate
17 g Ballaststoffe

● Vorbereitungszeit: etwa 10 Minuten
● Garzeit: etwa 10 Minuten

So wird's gemacht: Die Frühlingszwiebeln putzen, gründlich waschen und mit etwa zwei Drit-
teln des zarten Zwiebelgrüns in feine Ringe
schneiden. Die Kichererbsensprossen in einem
Sieb unter fließendem kaltem Wasser abspülen
und gründlich abtropfen lassen. ● Die Butter in

einem Topf erhitzen und die Zwiebelringe darin
glasig dünsten. Die Kichererbsensprossen hinzufügen und kurz mitbraten. Das Wasser und
die gekörnte Gemüsebrühe untermischen und
die Kichererbsen zugedeckt bei schwacher Hitze

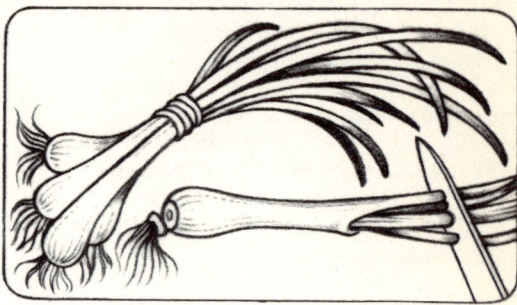

Von den Frühlingszwiebeln nur das Wurzelende und
die dunkelgrünen Blattenden abschneiden. Das zarte
Grün wird mitverwendet.

in etwa 5 Minuten garen. ● Inzwischen den Thymian waschen, trockenschwenken und die Blättchen von den Stielen streifen. ● Den Thymian
mit der Sahne unter das Sprossengemüse mischen, alles mit Salz, Pfeffer und dem Muskat
abschmecken und die Sahne bei starker Hitze
unter Rühren etwas einkochen lassen. Das
Sprossengemüse sofort servieren.

Paßt gut zu: gemischtem gebratenem Gemüse

> **Mein Tip** Auf diese Art gegart
> schmecken alle Sorten von Sprossen. Sie
> können das Gericht natürlich auch mit
> verschiedenen gemischten Sprossen zube-
> reiten.

Süßer Auflauf mit Birnen und Sprossen

Diese Süßspeise ist – mit einer leichten Suppe vorweg – ein sättigendes Hauptgericht.

Zutaten für 4 Personen:
400 g Birnen · 1–2 Eßl. Zitronensaft ·
100 g Leinsamensprossen (etwa 40 g Trocken-
gewicht) · 50 g gekeimte Sonnenblumenkerne
(etwa 25 g Trockengewicht) · 50 g Butter ·
2–3 Eßl. Birnenkraut (Reformhaus) · 3 Eier ·
1 Prise Salz
Für die Form: ½ Teelöffel Butter
Pro Portion etwa 1525 kJ/360 kcal
12 g Eiweiß · 23 g Fett · 27 g Kohlenhydrate
6 g Ballaststoffe

● Vorbereitungszeit: etwa 20 Minuten
● Backzeit: etwa 50 Minuten

So wird's gemacht: Die Birnen waschen, abtrocknen und vierteln, von den Kerngehäusen befreien und in Schnitze teilen. Die Fruchtstücke mit dem Zitronensaft beträufeln, damit sie sich nicht braun verfärben. Die Leinsamensprossen und die gekeimten Sonnenblumenkerne in einem Sieb unter fließendem kaltem Wasser abspülen und gründlich abtropfen lassen, dann mit den Birnenschnitzen vermischen. ● Den Backofen auf 175° vorheizen. Eine feuerfeste Form mit Butter ausstreichen. ● Die Butter mit dem Birnenkraut schaumig rühren. Die Eier trennen. Die Eigelbe nach und nach unter die Schaummasse rühren. Die Eiweiße mit dem Salz zu steifem Schnee schlagen und mit dem Schneebesen vorsichtig unter die Schaummasse ziehen. ● Die Birnen-Sprossen-Mischung in der vorbereiteten Form verteilen. Die Schaummasse darüberfüllen. ● Den Auflauf im heißen Ofen auf der unteren Schiene etwa 50 Minuten backen, bis die Masse fest und schön gebräunt ist. Dann mit einem Holzstäbchen in die Mitte des Auflaufs stechen. Wenn keine Teigreste daran haften, ist der Auflauf fertig gebacken. Den Auflauf gegebenenfalls noch einige Minuten backen, dabei mit einem Stück Alufolie abdecken, damit er nicht zu stark bräunt.

Das paßt dazu: Weinschaum- oder Vanillesauce

Variante: Johannisbeerauflauf mit Nüssen und Roggensprossen
300 g rote Johannisbeeren waschen, abtropfen lassen und von den Stielen streifen. 100 g ungeschälte Haselnüsse feinhacken. 100 g Roggensprossen (etwa 40 g Trockengewicht) in einem Sieb kalt abspülen und gründlich abtropfen lassen, dann mit den Johannisbeeren und den Haselnüssen vermischen und in eine gefettete feuerfeste Form füllen. 80 g Weizenvollkornmehl mit ¼ l Milch glattrühren. 3 Eier, 1 Prise Salz und 2–3 Eßlöffel flüssigen Honig untermischen. Den Teig in die Form über die Johannisbeermischung gießen und den Auflauf im vorgeheizten Backofen auf der unteren Schiene bei 180° etwa 45 Minuten backen.

Eischnee sollte so fest sein, daß ein Schnitt mit einem Messer längere Zeit sichtbar bleibt.

Quarkpflänzchen mit Buchweizensprossen

Mit einer Suppe als Vorspeise sind diese Pflänzchen ein sättigendes Hauptgericht.

Zutaten für 2 Personen:
70 g Buchweizensprossen (etwa 30 g Trockengewicht) · 150 g Quark (20% Fett) · 1 kleines
Eigelb · 30 g Weizenvollkornmehl ·
30 g Weizenvollkorngrieß · 1 Eßl. Zuckerrohrgranulat · ½ Teel. abgeriebene unbehandelte
Zitronenschale · ½ Teel. Zimtpulver ·
500 g Zwetschgen · 1 Teel. Zitronensaft ·
1 Schnapsglas Zwetschgenwasser (2 cl) ·
1 Eßl. flüssiger Honig
Zum Braten: 1 Eßl. Butterschmalz
Pro Portion etwa 2015 kJ/480 kcal
18 g Eiweiß · 8 g Fett · 80 g Kohlenhydrate
21 g Ballaststoffe

- Vorbereitungszeit einschließlich Ruhezeit: etwa 40 Minuten
- Garzeit: etwa 10 Minuten

So wird's gemacht: Die Buchweizensprossen in einem Sieb unter fließendem kaltem Wasser abspülen und gründlich abtropfen lassen. • Die Sprossen dann mit dem Quark, dem Eigelb, dem Mehl, dem Grieß, dem Zuckerrohrgranulat, der Zitronenschale und dem Zimtpulver zu einem glatten Teig verrühren. Die Masse zugedeckt etwa 30 Minuten stehenlassen, damit das Mehl und der Grieß quellen können. • Inzwischen die Zwetschgen waschen und abtropfen lassen. Die Zwetschgen halbieren, von den Steinen befreien und in kleine Stücke schneiden. Die Früchte dann mit dem Zitronensaft, dem Zwetschgenwasser und dem Honig im Mixer fein pürieren. Das Fruchtpüree zugedeckt beiseite stellen. • Das Butterschmalz in einer Pfanne erhitzen. Aus dem Quarkteig mit einem angefeuchteten Eßlöffel 4 Pflänzchen formen, in die Pfanne geben und etwas flachdrücken. Die Pflänzchen pro Seite etwa 5 Minuten bei mittlerer bis schwacher Hitze backen, bis sie knusprig braun sind. • Die Pflänzchen auf vorgewärmten Tellern mit dem Fruchtpüree servieren.

Mein Tip Wenn Sie keinen Mixer besitzen, können Sie die Zwetschgen in etwas Wasser, Fruchtsaft oder auch trockenem Rotwein bei mittlerer Hitze in etwa 30 Minuten weich dünsten und anschließend zusammen mit den restlichen Zutaten mit einer Gabel fein zerdrücken.

Apfel-Quarkstrudel mit gemischten Sprossen

Dieser Strudel schmeckt auch mit anderen Früchten wie zum Beispiel Kirschen oder Birnen sehr gut.

Zutaten für 4–6 Personen:
250 g Weizenmehl Type 1050 · 1 Prise Salz ·
5 Eßl. Sonnenblumenöl · ⅛ l lauwarmes
Wasser · 750 g säuerliche Äpfel (zum Beispiel
Boskop oder Glockenäpfel) · Saft von 1 Zitrone ·
1 Teel. Zimtpulver · je 75 g Weizen- und Roggensprossen (etwa 60 g Trockengewicht) · 50 g gekeimte Sonnenblumenkerne (etwa 25 g Trockengewicht) · 250 g Quark (20% Fett) · 1 Becher
Crème fraîche (150 g) · 2–3 Eßl. flüssiger Honig
Für die Arbeitsfläche: etwas Mehl
Für die Form und zum Bestreichen: 60 g flüssige
Butter
Bei 6 Personen pro Portion etwa
2210 kJ/525 kcal · 16 g Eiweiß · 25 g Fett
60 g Kohlenhydrate · 6 g Ballaststoffe

- Vorbereitungszeit einschließlich Ruhezeit: etwa 50 Minuten
- Backzeit: etwa 30 Minuten

So wird's gemacht: Für den Teig das Mehl mit dem Salz, dem Sonnenblumenöl und dem Wasser zu einem geschmeidigen Teig verkneten. Der Teig muß weich sein, darf aber nicht an den Fingern kleben. Bei Bedarf noch etwas Mehl beziehungsweise lauwarmes Wasser unterkneten. Den Teig in Pergamentpapier wickeln und an einem warmen Ort etwa 30 Minuten ruhen lassen, damit das Mehl quellen kann. • Inzwischen die Äpfel schälen, vierteln, vom Kerngehäuse befreien und in dünne Schnitze schneiden. Die Äpfel mit dem Zitronensaft und dem Zimtpulver vermischen. Die Weizen- und die Roggensprossen sowie die gekeimten Sonnenblumenkerne in einem Sieb unter fließendem kaltem Wasser abspülen und sehr gründlich abtropfen lassen. Die Sprossen dann unter die Äpfel mischen. • Den Quark mit der Crème fraîche und dem Honig glattrühren und beiseite stellen. • Den Backofen auf 200° vorheizen. Eine feuerfeste Form mit etwas flüssiger Butter auspinseln. • Den Strudelteig in zwei Portionen teilen. Eine Hälfte auf einer leicht bemehlten Arbeitsfläche zu einem Rechteck ausrollen. Den Teig auf ein großes Küchentuch legen, dann mit den Händen vorsichtig unterfassen und über die Handrücken so dünn wie möglich ausziehen. Den Teig mit etwas flüssiger Butter bestreichen. Die Hälfte der Apfelmischung auf dem Teig verteilen und mit der Hälfte der Quarkcreme überziehen; dabei einen etwa 1 cm breiten Rand freilassen, damit die Füllung beim Aufrollen nicht austritt. Die Teigplatte an den Schmalseiten über der Füllung etwas einklappen, dann den Teig mit Hilfe des Küchentuches zu einem Strudel aufrollen. Die Teigrolle mit dem Tuch anheben und in die vorbereitete Form gleiten lassen. Das zweite Teigstück ebenso ausrollen und ausziehen, füllen, aufrollen und in die Form gleiten lassen. • Die Strudel mit etwas flüssiger Butter bestreichen, in den heißen Ofen auf die mittlere Schiene stellen und etwa 30 Minuten backen, bis sie an der Oberfläche schön gebräunt sind. Die Strudel dabei noch einmal mit der restlichen Butter bestreichen. • Den Apfel-Quarkstrudel heiß oder lauwarm abgekühlt servieren.

Das paßt dazu: Vanillesauce oder Vanilleeis

Mein Tip Strudelteig sollte an einem wirklich warmen Ort ruhen. Ich erhitze dazu Wasser in einem Topf, gieße das kochende Wasser ab und lasse den Teig im heißen Topf auf der abgeschalteten Herdplatte stehen.

Obstsalat mit Roggensprossen
Bild 3. Umschlagseite

Zutaten für 4 Personen:
1 Pfirsich · 1 Birne · 1 Banane · 150 g Erdbeeren · 100 g blaue Weintrauben · ½ Avocado · 1–2 Eßl. Zitronensaft · 1 Eßl. flüssiger Honig · 50 g Roggensprossen (etwa 20 g Trockengewicht) · 50 g gekeimte Sonnenblumenkerne (etwa 25 g Trockengewicht)
Pro Portion etwa 990 kJ/240 kcal
5 g Eiweiß · 9 g Fett · 33 g Kohlenhydrate
5 g Ballaststoffe

- Zubereitungszeit: etwa 15 Minuten

So wird's gemacht: Den Pfirsich waschen, abtrocknen, halbieren, vom Stein befreien und in dünne Schnitze teilen. Die Birne ebenfalls waschen und abtrocknen, vom Kerngehäuse befreien und in kleine Stücke schneiden. Die Banane schälen und in dünne Scheiben schneiden. Die Erdbeeren und die Weintrauben waschen, abtropfen lassen und von den Stielen zupfen. Größere Früchte halbieren oder vierteln. Die Avocadohälfte schälen und in kleine Stücke schneiden. • Alle vorbereiteten Früchte mit dem Zitronensaft und dem Honig in einer Schüssel mischen. • Die Roggensprossen und die gekeimten Sonnenblumenkerne in einem Sieb unter fließendem kaltem Wasser abspülen und gründlich abtropfen lassen, dann unter den Obstsalat mischen.

> **Mein Tip** Die übriggebliebene Avocadohälfte bleibt länger frisch, wenn Sie den Kern nicht entfernen. Die Avocado wird, in Frischhaltefolie gewickelt, im Kühlschrank aufbewahrt.

Variante: Exotischer Obstsalat mit Gerstensprossen

1 Mango schälen und das Fruchtfleisch um den Stein herum in Schnitzen ablösen. 1 Kiwi ebenfalls schälen, halbieren und in dünne Scheiben schneiden. 1 Orange schälen, von allen weißen Häutchen befreien, in Filets teilen und diese einmal halbieren. ½ kleine Ananas schälen, den harten Strunk aus der Mitte heraustrennen und das Fruchtfleisch in kleine Stücke schneiden. Alle vorbereiteten Früchte in einer Schüssel mit 1–2 Eßlöffeln Ahornsirup vermischen. 100 g Gerstensprossen (etwa 40 g Trockengewicht) in einem Sieb kalt abspülen und abtropfen lassen. 2–3 Blätter frische Zitronenmelisse waschen, trockentupfen und feinhacken. Mit den Sprossen unter den Obstsalat mischen.

Beerenquark mit Gerstensprossen

Zutaten für 2 Personen:
250 g Magerquark · 3 Eßl. Sahne · 1 Teel. Zitronensaft · 1–2 Eßl. Ahornsirup oder flüssiger Honig · 250 g Beeren (zum Beispiel Erdbeeren, Himbeeren, Johannisbeeren, Brombeeren, Heidelbeeren und/oder Stachelbeeren) · 75 g Gerstensprossen (etwa 30 g Trockengewicht)
Pro Portion etwa 1125 kJ/270 kcal
20 g Eiweiß · 5 g Fett · 31 g Kohlenhydrate
10 g Ballaststoffe

● Zubereitungszeit: etwa 15 Minuten

So wird's gemacht: Den Magerquark mit der Sahne, dem Zitronensaft und dem Ahornsirup oder dem Honig glattrühren. • Die Beeren waschen und abtropfen lassen oder trockentupfen. Die Beeren dann je nach Sorte von den Stielen streifen oder entkelchen und gegebenenfalls kleinschneiden. Die Gerstensprossen in einem Sieb unter fließendem kaltem Wasser abspülen und gründlich abtropfen lassen. • Die Sprossen grobhacken und mit den Beeren unter den Quark mischen. Den Beerenquark möglichst sofort servieren.

Variante: Fruchtjoghurt mit Leinsamensprossen

1 reifen Pfirsich waschen, abtrocknen, halbieren, vom Stein befreien und in dünne Schnitze teilen. 1 Banane schälen und in dünne Scheiben schneiden. 250 g Magerjoghurt mit 2 Eßlöffeln Sahne, 1 Eßlöffel flüssigem Honig und 1 Prise Zimtpulver glattrühren. 75 g Leinsamensprossen (etwa 30 g Trockengewicht) in einem Sieb kalt abspülen, gründlich abtropfen lassen und mit den Früchten unter den Joghurt mischen.

Rezept- und Sachregister

Kursiv gesetzte Seitenzahlen verweisen auf Farbbilder.

Die leicht süßlich schmeckenden ▷
Getreidesprossen – wie hier aus
Roggenkörnern – passen besonders gut zu einem bunten Obstsalat. Rezept Seite 53.